四部要籍選刊·史部
蔣鵬翔 主編

清金陵書局本

後漢書

四

〔南朝宋〕范曄 撰
〔唐〕李賢等注

浙江大學出版社

本冊目録

卷三十一

卷三十二

卷三十三

卷三十四

卷三十五

卷三十六

卷三十七

卷三十八

卷三十九

郭杜孔張廉王蘇羊賈陸列傳第二十一　後漢書三十一

唐章懷太子賢注

郭伋字細侯扶風茂陵人也高祖父解(前書云解字翁伯河內軹人徙茂陵也)武帝時㠯任俠聞父梵爲蜀郡太守伋少有志行哀平閒辟大司空府三遷爲漁陽都尉王莽時爲上谷大尹(王莽改太守爲大尹)遷并州牧更始新立三輔連被兵寇百姓震駭強宗右姓(右姓猶高姓也)各擁衆保營莫肯先附更始素聞伋名徵拜左馮翊使鎮撫百姓世祖卽位拜雍州牧再轉爲尚書令數納忠諫爭建武四年出爲中山太守明年彭寵滅轉爲漁陽太守漁陽旣離王莽之亂重㠯彭寵之敗(離猶遭也)民多猾惡寇賊充斥(杜預注左傳曰充滿斥見也)伋到示㠯信賞糾戮渠帥盜賊銷散時匈奴數抄郡界邊境苦之伋整勒士馬設攻守之略匈奴畏憚遠迹不敢復入塞民得安業在職五歲戶口增倍後潁川盜賊群起九年徵拜

潁川太守召見辭謁（因辭而謁見也）帝勞之曰賢能太守去帝城不遠河潤九里冀京師并蒙福也（莊子曰河潤九里澤及三族）君雖精於追捕而山道險阸自鬬當一士耳深宜慎之伋到郡招懷山賊陽夏趙宏（陽夏縣名屬陳國夏公雅反）襄城召吳等數百人皆束手詣伋降悉遣歸附農因自劾專命（謂擅放降賊也）帝美其策不以咎之後宏吳等黨與聞伋威信遠自江南或從幽冀不期俱降駱驛不絕（駱驛連續）十一年省朔方刺史屬并州帝以盧芳據北土迺調伋爲并州牧過京師謝恩帝卽引見并召皇太子諸王宴語終日賞賜車馬衣服什物伋因言選補眾職當簡天下賢俊不宜專用南陽人帝納之伋前在并州素結恩德及後入界所到縣邑老幼相攜逢迎道路所過問民疾苦聘求耆德雄俊設几杖之禮朝夕與參政事（禮記曰謀於長者必操几杖以從之）始至行部到西河美稷有童兒數百各騎竹馬道次迎拜伋問兒曹何自遠來（曹輩也）對曰聞使君

到喜故來奉迎伋辭謝之及事訖諸兒復送至郭外問使君何日當還伋謂别駕從事計日當告之行部旣還先期一日伋爲違信於諸兒遂止於野亭須期迺入是時朝廷多舉伋可爲大司空帝㠯并部尚有盧芳之儆也儆急且匈奴未安欲使久於其事故不召伋知盧芳夙賊也夙舊難卒㠯力制常嚴烽候明購賞㠯結寇心芳將隋昱遂謀脅芳降伋芳迺亡入匈奴伋㠯老病上書乞骸骨二十二年徵爲太中大夫賜宅一區及帷帳錢穀㠯充其家伋輒散與宗親九族無所遺餘明年卒時年八十六帝親臨弔賜冢塋地

杜詩字君公河內汲人也少有才能仕郡功曹有公平稱更始時辟大司馬府建武元年歲中三遷爲侍御史安集洛陽時將軍蕭廣放縱兵士暴橫民間百姓惶擾詩勑曉不改遂格殺廣還㠯狀聞世祖召見賜㠯棨戟漢雜事曰漢制假棨戟以代斧鉞崔豹古今注曰棨戟前驅之器也以木爲之後代刻僞無復典刑以赤油韜之亦謂之油戟

後漢三十一　十二

亦曰棨戟王公以下通用之以前驅也復使之河東誅降逆賊楊異等詩到大陽大陽縣名屬河東郡聞賊規欲北度迺與長史急焚其船部勒郡兵將突騎趣擊斬異等賊遂翦滅拜成皐令成皐縣屬河南郡今洛州汜水縣是視事三歲舉政尤異再遷爲沛郡都尉轉汝南都尉所在稱治七年遷南陽太守性節儉而政治清平以誅暴立威善於計略省愛民役造作水排鑄爲農器排音蒲拜反冶鑄者爲排以吹炭今激水以鼓之也排當作橐古字通用也用力少見功多百姓便之又修治陂池廣拓土田郡內比室殷足時人方於召信臣比室猶比屋也前書曰召信臣字翁卿九江壽春人也遷南陽太守爲人興利務在富之開通溝渠凡十數處故南陽爲之語曰前有召父後有杜母詩自以無勞不安乆居大郡求欲降避功臣迺上疏曰陛下亮成天工克濟大業偃兵修文群帥反旅反旅謂班師也海內合和萬世蒙福天下幸甚唯匈奴未譬聖德威侮二垂譬猶曉也威虐也侮慢也二垂謂西與北也陵虐中國邊民虛耗不能自守臣恐武猛之將雖勤亦未得解甲櫜弓也櫜韜也音高詩曰載櫜弓矢也夫勤而不

息亦怨勞而不休亦怨怨恨之師難復責功臣伏覩將帥之情功臣之望冀一休足於內郡休足止行役也然後卽戎出命不敢有恨臣愚以爲師克在和不在衆春秋左氏傳文也陛下雖垂念北邊亦當頗泄用之泄猶雜也昔湯武善御衆故無忿鷙之師鷙擊也湯武順天應人其所征討皆弔伐而已故無忿怒而擊也陛下起兵十有三年將帥和睦士卒鳧藻言其和睦歡悅如鳧之戲於水藻也今若使公卿郡守出於軍壘則將帥自厲壘軍壁厲勉也士卒之復比於宿衞則戎士自百復謂優寬也音福續漢志曰羽林郎秩比三百石掌侍從宿衞言士卒得比於郎則人百其勇何者天下已安各重性命大臣以下咸懷樂土不讐其功而厲其用無以勸也陛下誠宜虛缺數郡以俟振旅之臣重復厚賞加於久役之士如此緣邊屯戍之師競而忘死乘城拒塞之吏不辭其勞則烽火精明守戰堅固聖王之政必因人心今猥用愚薄塞功臣之望誠非其宜臣詩伏自惟忖本以史吏一介之才史吏謂初爲郡功曹也書曰如有一介臣也遭陛下創制大業賢俊在外空乏

之間超受大恩收養不稱奉職無効久竊祿位令功臣懷慍誠惶誠恐八年上書乞避功德陛下殊恩未許放退臣詩蒙恩尤深義不敢苟冒虛請誠不勝至願願退大郡受小職及臣齒壯力能經營劇事如使臣詩必有補益復受大位雖析珪受爵所不辭也惟陛下哀矜帝惜其能遂不許之詩雅好推賢數進知名士清河劉統及魯陽長董崇等初禁網尚簡但以璽書發兵未有虎符之信詩上疏曰臣聞兵者國之凶器聖人所慎舊制發兵皆以虎符其餘徵調竹使而已符策合會取爲大信所以明著國命斂持威重也說文曰符信也漢制以竹長六寸分而相合前書文帝二年初與郡守爲銅虎符竹使符音義曰銅虎第一至第五發兵遣使符合乃聽之竹使符以竹五寸鐫刻篆書亦第一至第五也閒者發兵但用璽書或以詔令如有姦人詐僞無由知覺愚以爲軍旅尚興賊虜未殄徵兵郡國宜有重慎可立虎符以絕姦端昔魏之公子威傾鄰國猶假兵符以解趙圍若無如姬之仇則其功

不顯秦昭王已破趙長平又進圍邯鄲魏昭王之子無忌號信陵君其姊爲趙惠文王弟平原君夫人平原君數遺公子書請救于魏魏王使將軍晉鄙將十萬衆救趙實持兩端以觀望平原君使者相屬謂公子曰今邯鄲旦暮降秦魏救不至獨不憐公子姊耶公子患之過侯嬴問之嬴屏人語曰嬴聞晉鄙兵符常在王臥內而如姬最幸力能竊之嬴聞如姬父爲人所殺公子使客斬其仇頭敬進如姬姬爲公子死無所辭公子誠一開口以請如姬姬必諾公子從其計如姬果盜晉鄙兵符與公子於是遂矯魏王令奪晉鄙兵進擊秦軍解去事見史記也有煩而不可省費而不得已益謂此也書奏從之詩身雖在外盡心朝廷讜言善策隨事獻納視事七年政化大行十四年坐遣客爲弟報仇被徵會病卒司隸校尉鮑永上書言詩貧困無田宅喪無所歸詔使治喪郡邸賻絹千匹

孔奮字君魚扶風茂陵人也曾祖霸元帝時爲侍中奮少從劉歆受春秋左氏傳歆稱之謂門人曰吾已從君魚受道矣言君魚之道已過於己也遭王莽亂奮與老母幼弟避兵河西建武五年河西大將軍竇融請奮署議曹掾守姑臧長八年賜爵關內侯時天下擾亂唯河西獨安而姑臧稱爲富邑通貨羌胡市日四合古者爲市一日三合周禮曰大市日側而市百族爲主朝時而市百

賈爲主夕時而市販夫販婦爲主今既人貨殷繁故一日四合也每居縣者不盈數月輒至豐積奮在職四年財產無所增事母孝謹雖爲儉約奉養極求珍膳躬率妻子同甘菜茹廣雅曰茹食也時天下未定士多不修節操而奮力行清絜爲衆人所笑或曰以爲身處脂膏不能以自潤徒益苦辛耳奮既立節治貴仁平太守梁統深相敬待不以官屬禮之常迎於大門引入見母隴蜀既平河西守令咸被徵召財貨連轂彌竟川澤唯奮無資單車就路姑臧吏民及羌胡更相謂曰孔君清廉仁賢舉縣蒙恩如何今去不共報德遂相賦斂牛馬器物千萬以上追送數百里奮謝之而已一無所受既至京師除武都郡丞時隴西餘賊隗茂等夜攻府舍殘殺郡守賊畏奮追急迺執其妻子欲以爲質奮年已五十唯有一子終不顧望遂窮力討之吏民感義莫不倍用命焉郡多氐人便習山谷其大豪齊鍾留者爲郡氏所信向奮迺率厲

鍾留等令要遮鈔擊共爲表裏賊窘懼逼急迺推奮妻子以置軍前冀當退却而擊之愈厲遂禽滅茂等奮妻子亦爲所殺世祖下詔襃美拜爲武都太守奮自爲府丞已見敬重及拜太守舉郡莫不改操爲政明斷甄善疾非（甄明也）見有美德愛之如親其無行者忿之若仇郡中稱爲清平弟奇游學洛陽奮以奇經明當仕上病去官守約鄉閭卒於家奇博通經典作春秋左氏刪（刪定其義也）奮晚有子嘉官至城門校尉作左氏說云（說猶今之疏也）

張堪字君游南陽宛人也爲郡族姓堪早孤讓先父餘財數百萬與兄子年十六受業長安志美行厲諸儒號曰聖童世祖微時見堪志操常嘉焉及卽位中郎將來歙薦堪召拜郎中三遷爲謁者使送委輸縑帛并領騎七千匹詣大司馬吳漢伐公孫述在道追拜蜀郡太守時漢軍餘七日糧陰具船欲遁去堪聞之馳往見漢

說述必敗不宜退師之策漢從之迺示弱挑敵述果自出戰死城下成都既拔堪先入據其城檢閱庫藏收其珍寶悉條列上言秋毫無私（秋毫者喻細也）慰撫吏民蜀人大悅在郡二年徵拜騎都尉後領驃騎將軍杜茂營擊破匈奴於高柳拜漁陽太守捕擊姦猾賞罰必信吏民皆樂爲用匈奴嘗以萬騎入漁陽堪率數千騎奔擊大破之郡界以靜迺於狐奴開稻田八千餘頃勸民耕種以致殷富百姓歌曰桑無附枝麥穗兩岐張君爲政樂不可支視事八年匈奴不敢犯塞帝嘗召見諸郡計吏問其風土及前後守令能否蜀郡計掾樊顯進曰漁陽太守張堪昔在蜀漢仁以惠下威能討姦前公孫述破時珍寶山積捲握之物足富十世（捲握猶掌握也謂珠玉之類也）而堪去職之日乘折轅車布被囊而已帝聞良久歎息（良猶甚也）拜顯爲魚復長（魚復縣屬巴郡故城在今夔州人復縣北赤甲城是）方徵堪會病卒帝深悼惜之下詔褒揚賜帛百匹

廉范字叔度，京兆杜陵人，趙將廉頗之後也。漢興，以廉氏豪宗，自苦陘徙焉。（苦陘縣屬中山國，章帝更名漢昌。）世爲邊郡守，或葬隴西襄武，故因仕焉。曾祖父褒，成、哀間爲右將軍；祖父丹，王莽時爲大司馬庸部牧，（王莽改益州爲庸部。）皆有名前世。范父遭喪亂，客死於蜀漢，范遂流寓西州。（西州謂巴蜀也。）西州平，歸鄉里。年十五，辭母西迎父喪。蜀郡太守張穆，丹之故吏，迺重資送范，范無所受，與客步負喪歸葭萌。（葭萌，縣名，屬廣漢郡，今利州益昌縣即漢葭萌地也。）載船觸石破沒，范抱持棺柩，遂俱沈溺。衆傷其義，鉤求得之，療救僅免於死。穆聞，復馳遣使持前資物追范，范又固辭。歸葬服竟，詣京師受業，事博士薛漢。（漢字公子，見儒林傳。）京兆、隴西二郡更請召，皆不應。永平初，隴西太守鄧融備禮謁范爲功曹，（謁，請也。）會融爲州所舉案，（舉其罪，案驗之。）范知事譴難解，欲以權相濟，迺託病求去，融不達其意，大恨之。范於是東至洛陽，變名姓，求代廷尉獄卒。居無幾，融果徵下獄，范遂得衛侍左右盡心勤勞融怪其貌類范而殊不意迺謂曰卿何似我故功曹邪范訶之曰君困厄瞀亂邪鄭玄注禮記曰瞀目不明之貌語遂絕融繫出困病范隨而養視及死竟不言身自將車送喪致南陽葬畢迺去後辟公府會薛漢坐楚王事誅楚王英謀反也故人門生莫敢視范獨往收斂之吏以聞顯宗大怒召范入詰責曰薛漢與楚王同謀交亂天下范公府掾不與朝廷同心而反收斂罪人何也范叩頭曰臣無狀愚戇以爲漢等皆已伏誅不勝師資之情罪當萬坐老子曰善人爲不善人之師不善人爲善人之資也帝怒稍解問范曰卿廉頗後邪與右將軍褒大司馬丹有親屬乎范對曰褒臣之曾祖丹臣之祖也帝曰怪卿志膽敢爾因貰之貰赦也由是顯名舉茂才數月再遷爲雲中太守會匈奴大入塞烽火日通故事虜入過五千人移書傍郡吏欲傳檄求救范不聽自率士卒拒之虜衆盛而范兵不敵會日暮令軍士各交縛兩炬三頭爇

火營中星列用兩炬交縛如十字爇其三頭手持一端使敵人望之疑兵士之多虜遥望火多謂漢兵救至大驚待旦將退范迺令軍中蓐食晨往赴之蓐食早起食於寢蓐中也斬首數百級虜自相轔藉死者千餘人轔轢也藉相蹈藉也由此不敢復向雲中後頻歷武威武都二郡太守隨俗化導各得治宜建初中遷蜀郡太守其俗尚文辯好相持短長范每厲以淳厚不受偷薄之說成都民物豐盛邑宇逼側舊制禁民夜作以防火災而更相隱蔽燒者日屬范迺毁削先令但嚴使儲水而已百姓爲便迺歌之曰廉叔度來何暮不禁火民安作平生無襦今五絝作協韻音則護反在蜀數年坐法免歸鄉里范世在邊廣田地積財粟悉以賑宗族朋友肅宗崩范奔赴敬陵時廬江郡掾嚴麟奉章弔國俱會於路麟乘小車塗深馬死不能自進范見而愍然命從騎下馬與之不告而去麟事畢不知馬所歸迺緣蹤訪之或謂麟曰故蜀郡太守廉叔度好周人窮急今

奔國喪獨當是耳麟亦素聞范名㠯爲然卽牽馬造門謝而歸之世伏其好義然依倚大將軍竇憲㠯此爲譏卒於家初范與洛陽慶鴻爲刎頸交時人稱曰前有管鮑後有慶廉鴻慷慨有義節位至琅邪會稽二郡太守所在有異迹

論曰張堪廉范皆㠯氣俠立名觀其振危急赴險阨有足壯者堪之臨財范之忘施亦足㠯信意而感物矣信音伸若夫高祖之召欒布欒布梁人爲人所略賣爲奴梁王彭越贖爲梁大夫使于齊漢召彭越以謀反夷三族詔有收視者輒捕之布還奏事彭越頭下祠而哭之吏捕以聞上召罵曰若與彭越反邪布曰今漢一徵兵于梁彭王不行而疑以爲反則人人自危也上乃釋布拜爲都尉也明帝之引廉范加怒㠯發其志就戮更延其寵聞義能徙誠君道所尚然情理之樞亦有開塞之感焉戶之開闔必由於樞情之通塞必在於感然高帝明帝初怒欒布廉范後感其義而赦之

王堂字敬伯廣漢郪人也初舉光祿茂才光祿舉之爲茂才也遷穀城令治有名迹穀城縣屬東郡故城在今濟州東阿縣東永初中西羌寇巴蜀爲民患詔書遣中郎將

尹就攻討連年不剋三府舉堂治劇拜巴郡太守堂馳兵赴賊斬虜千餘級巴庸清靜吏民生爲立祠（庸卽上庸縣也故城在今房州河水縣西也）刺史張喬表其治能遷右扶風安帝西巡阿母王聖中常侍江京等並請屬於堂堂不爲用掾史固諫之堂曰吾蒙國恩豈可爲權寵阿意以死守之（阿曲也）卽日遣家屬歸閉閤上病果有誣奏堂者會帝崩京等悉誅堂以守正見稱永建二年徵入爲將作大匠四年坐公事左轉議郎（續漢志曰議郎秩六百石無員）復拜魯相政存簡一至數年無辭訟遷汝南太守搜才禮士不苟自專迺教掾史曰古人勞於求賢逸於任使故能化清於上事緝於下其憲章朝右簡覈才職委功曹陳蕃匡政理務拾遺補闕任主簿應嗣庶循名責實察言觀効焉自是委誠求當不復妄有辭教郡內稱治時大將軍梁商及尚書令袁湯以求屬不行並恨之後廬江賊迸入弋陽界堂勒兵追討卽便奔散而

商湯猶因此風州奏堂在任無警免歸家年八十六卒遺令薄斂瓦棺以葬子稱清行不仕曾孫商益州牧劉焉以爲蜀郡太守有治聲

蘇章字孺文扶風平陵人也八世祖延武帝時爲右將軍前書曰建以校尉從大將軍青擊匈奴封平陵侯中子武最知名也祖父純字桓公有高名性強切而持毀譽持執也執毀譽之論謂品藻其臧否士友咸憚之至迺相謂曰見蘇桓公患其教責人不見又思之三輔號爲大人大人長老之稱言尊事之也永平中爲奉車都尉竇固軍出擊北匈奴車師有功封中陵鄉侯官至南陽太守章少博學能屬文安帝時舉賢良方正對策高第爲議郎數陳得失其言甚直出爲武原令武原縣屬楚國故城在今泗州下邳縣北時歲飢輒開倉廩活三千餘戶順帝時遷冀州刺史故人爲清河太守章行部案其姦臧迺請太守爲設酒肴陳平生之好甚歡太守喜曰人皆有一天我獨有二天章曰今夕蘇

孺文與故人飲者私恩也明日冀州刺史案事者公法也遂舉正其罪州境知章無私望風畏肅換爲并州刺史㠯摧折權豪忤旨坐免隱身鄉里不交當世後徵爲河南尹不就時天下日敝民多悲苦論者舉章有幹國才朝廷不能復用卒於家兄曾孫不韋

不韋字公先父謙初爲郡督郵時魏郡李暠爲美陽令與中常侍具瑗交通貪暴爲民患前後監司畏其勢援莫敢糾問及謙至部案得其臧論輸左校謙累遷至金城太守去郡歸鄉里漢法免罷守令自非詔徵不得妄到京師而謙後私至洛陽時暠爲司隷校尉收謙詰掠死獄中暠又因刑其尸㠯報昔怨不韋時年十八徵詣公車會謙見殺不韋載喪歸鄉里瘞而不葬仰天歎曰伍子胥獨何人也（子胥父伍奢爲楚王所殺子胥復仇鞭平王之尸解見寇榮傳）迺藏母於武都山中（武都郡名其地在今成州上祿縣界有仇池山東西懸絕壁立百仞故藏於其中也）遂變名姓盡㠯家財募劒客邀暠於諸陵閒不剋會

暠還大司農時右校芻廥在寺北垣下說文云廥芻稾藏音工外反垣牆也不韋與親從兄弟潛入廥中夜則鑿地晝則逃伏如此經月遂得傍達暠之寢室出其牀下值暠在廁因殺其妾并及小兒留書而去暠大驚懼迺布棘於室以板籍地一夕九徙雖家人莫知其處每出輒劒戟隨身壯士自衞不韋知暠有備迺日夜飛馳竟到魏郡掘其父阜冢斷取阜頭以祭父墳又標之於市曰李君遷父頭暠匿不敢言而自上退位歸鄉里私掩塞冢槨捕求不韋歷歲不能得憤恚感傷發病嘔血死不韋後遇赦還家迺始改葬行喪士大夫多譏其發掘冢墓歸罪枯骨不合古義唯任城何休方之伍員太原郭林宗聞而論之曰子胥雖云逃命而見用彊吳憑闔廬之威因輕悍之衆雪怨舊郢曾不終朝而但鞭墓戮尸以舒其憤竟無手刃後主之報豈如蘇子單特孑立靡因靡資彊仇豪援據位九卿城闕

天阻宮府幽絕埃塵所不能過霧露所不能沾不韋毀身燋慮出
於百死冒觸嚴禁陷族禍曰雖不獲逞爲報已深況復分骸斷首
㠯毒生者毒苦也使暠懷忿結不得其命猶假手神靈㠯斃之也力唯
匹夫功隆千乘比之於員不㠯優乎議者於是貴之後太傅陳蕃
辟不應爲郡五官掾初弘農張奐睦於蘇氏而武威段熲與暠素
善後奐熲有隙及熲爲司隸㠯禮辟不韋不韋懼之稱病不詣熲
既積憤於奐因發怒迺追咎不韋前報暠事㠯爲暠表治謙事被
報見誅君命天也而不韋仇之又令長安男子告不韋多將賓客
奪舅財物遂使從事張賢等就家殺之迺先㠯鴆與賢父曰若賢
不得不韋便同飲此賢到扶風郡守使不韋奉謁迎賢即時收執
并其一門六十餘人盡誅滅之諸蘇㠯是衰破又段熲爲陽球所
誅天下㠯爲蘇氏之報焉

羊續字興祖太山平陽人也其先七世二千石卿校祖父侵安帝時司隷校尉父儒桓帝時爲太常續㠯忠臣子孫拜郎中去官後辟大將軍竇武府及武敗坐黨事禁錮十餘年幽居守靜及黨禁解復辟太尉府四遷爲廬江太守後揚州黃巾賊攻舒焚燒城郭續發縣中男子二十㠯上皆持兵勒陳其小弱者悉使負水灌火會集數萬人并埶力戰大破之郡界平後安風賊戴風等作亂（安風縣屬廬江郡）續復擊破之斬首三千餘級生獲渠帥其餘黨輩原爲平民（原免也）賦與佃器使就農業中平三年江夏兵趙慈反叛殺南陽太守秦頡攻沒六縣拜續爲南陽太守當入郡界迺羸服閒行侍童子一人觀歷縣邑採問風謠然後迺進其令長貪潔吏民良猾悉逆知其狀郡內驚竦莫不震懾迺發兵與荊州刺史王敏共擊慈斬之獲首五千餘級屬縣餘賊竝詣續降續爲上言宥其枝附賊旣

淸平迺班宣政令候民病利（損於人曰病益於人曰利）百姓歡服時權豪之家多尙奢麗續深疾之常敝衣薄食車馬羸敗府丞嘗獻其生魚續受而懸於庭丞後又進之續迺出前所懸者㠯杜其意續妻後與子祕俱往郡舍續閉門不內妻自將祕行其資藏唯有布衾敝祇裯鹽麥數斛而已（說文曰祇裯短衣也廣雅云卽襜褕也祇音丁奚反裯音丁勞反）顧勑祕曰吾自奉若此何㠯資爾母乎使與母俱歸六年靈帝欲㠯續爲太尉時拜三公者皆輸東園禮錢千萬令中使督之名爲左騶（騶騎士也）其所之往輒迎致禮敬厚加贈賂續迺坐使人於單席舉縕袍㠯示之（縕故絮也）曰臣之所資唯斯而已左騶白之帝不悅㠯此故不登公位而徵爲太常未及行會病卒時年四十八遺言薄斂不受賵遺舊典二千石卒官賻百萬府丞焦儉遵續先意一無所受詔書褒美勑太山太守㠯府賻錢賜續家云

賈琮字孟堅東郡聊城人也聊城今博州縣舉孝廉再遷為京兆令有政理迹舊交阯土多珍產明璣翠羽犀象瑇瑁異香美木之屬莫不自出說文曰璣珠之不圓者異物志曰翠鳥形似鷰翡羽赤而翠青其羽可以為飾廣雅曰瑇瑁形似龜出南海巨延州也前後刺史率多無清行上承權貴下積私賂財計盈給輒復求見遷代故吏民怨叛中平元年交阯屯兵反執刺史及合浦太守自稱柱天將軍靈帝特勑三府精選能吏有司舉琮為交阯刺史琮到部訊其反狀咸言賦斂過重百姓莫不空單京師遙遠告冤無所民不聊生自活故聚為盜賊琮即移書告示各使安其資業招撫荒散蠲復傜役誅斬渠帥為大害者簡選良吏試守諸縣歲閒蕩定百姓以安巷路為之歌曰賈父來晚使我先反今見清平吏不敢飯在事三年為十三州最徵拜議郎時黃巾新破兵凶之後郡縣重斂因緣生姦詔書沙汰刺史二千石更選清能吏迺以琮為冀州刺史舊典傳車

驂駕垂赤帷裳迎於州界及琮之部升車言曰刺史當遠視廣聽糾察美惡何有反垂帷裳以自掩塞乎迺命御者褰之百城聞風自然竦震其諸臧過者望風解印綬去唯瘿陶長濟陰董昭觀津長梁國黃就當官待琮於是州界翕然靈帝崩大將軍何進表琮爲度遼將軍卒於官

陸康字季寧吳郡吳人也祖父續在獨行傳父褒有志操連徵不至康少仕郡以義烈稱刺史臧旻舉爲茂才除高成令（高成縣屬渤海郡也）縣在邊垂舊制令戶一人具弓弩以備不虞不得行來（行來猶往來也）長吏新到輒發民繕修城郭康至皆罷遣百姓大悅以恩信爲治寇盜亦息州郡表上其狀光和元年遷武陵太守轉守桂陽樂安二郡所在稱之時靈帝欲鑄銅人而國用不足迺詔調民田畝斂十錢而比水旱傷稼百姓貧苦康上疏諫曰臣聞先王治世貴在愛民省

傜輕賦以寧天下除煩就約以崇簡易〔易曰乾以易知坤以簡能而天下之理得矣〕故萬姓從化靈物應德末世衰主窮奢極侈造作無端興制非一勞割自下以從苟欲〔勞苦割剝於下人也〕故黎民吁嗟陰陽感動陛下聖德承天當隆盛化而卒被詔書畝斂田錢鑄作銅人伏讀惆悵悼心失圖夫什一而稅周謂之徹〔孟子曰夏后氏五十而貢殷人七十而助周人百畝而徹其實皆什一也〕徹者通也言其法度可通萬世而行也故魯宣稅畝而蝝災自生〔公羊傳曰初稅畝者何履畝而稅也何休注云宣公無恩信於人人不肯盡力于公田起履踐案行擇其畝穀好者稅取之蝝冬蝗子也公羊傳冬蝝生此言蝝生何上變古易常也注云上謂宣公變易公田舊制而稅畝也〕哀公增賦而孔子非之〔左傳曰季孫欲以田賦使冉有訪諸仲尼仲尼私於冉有曰子季孫若欲行而法則周公之典在若欲苟而行之又何訪焉〕豈有聚奪民物以營無用之銅人捐捨聖戒自蹈亡王之法哉〔謂秦始皇鑄銅人十二卒致滅亡也〕傳曰君舉必書書而不法後世何述焉陛下宜留神省察改敝從善以塞兆民怨恨之望書奏內倖因此譖康援引亡國以譬聖明大不敬檻車徵詣廷尉侍御史劉岱典考其事岱為表陳解釋免歸

田里復徵拜議郎會廬江賊黃穰等與江夏蠻連結十餘萬人攻沒四縣拜康廬江太守康申明賞罰擊破穰等餘黨悉降帝嘉其功拜康孫尚爲郎中獻帝即位天下大亂康蒙險遣孝廉計吏奉貢朝廷詔書策勞加忠義將軍秩中二千石時袁術屯兵壽春部曲飢餓遣使求委輸兵甲康以其叛逆閉門不通內修戰備將以禦之術大怒遣其將孫策攻康圍城數重康固守吏士有先受休假者皆遁伏還赴暮夜緣城而入受敵二年城陷月餘發病卒年七十宗族百餘人遭離饑厄死者將半朝廷愍其守節拜子儁爲郎中少子績仕吳爲鬱林太守博學善政見稱當時幼年曾謁袁術懷橘墮地者也有名稱績字公紀吳志有傳

贊曰伋牧朔藩信立童昏詩守南楚民作謠言奮馳單乘堪駕毀轅范得其朋易曰西南得朋廉范遷蜀郡太守百姓便之蜀在西南故曰得朋也堂任良肱謂委任功曹陳蕃主簿應嗣郡中大化也二蘇

汲古閣毛氏

勁烈羊賈廉能季寍拒策城隕衝軿軿兵車也音彭協韻音普勝反

郭杜孔張廉王蘇羊賈陸列傳第二十一

後漢書三十一

唐章懷太子賢注

樊宏陰識列傳第二十二

樊宏字靡卿南陽湖陽人也世祖之舅其先周仲山甫封於樊因而氏焉（樊今襄州安養縣也）為鄉里著姓父重字君雲世善農稼好貨殖重性溫厚有法度三世共財子孫朝夕禮敬常若公家其營理產業物無所棄課役童隷各得其宜故能上下勠力財利歲倍至迺開廣田土三百餘頃其所起廬舍皆有重堂高閣陂渠灌注（酈元水經注曰湖水支分東北為樊氏陂東西十里南北五里亦謂之凡亭陂東樊氏故宅樊氏既滅庾氏取其陂故諺曰陂汪汪下田良樊氏失業庾氏昌其陂至今猶名為樊陂在今鄧州新野縣之西南也）又池魚牧畜有求必給嘗欲作器物先種梓漆時人嗤之然積以歲月皆得其用向之笑者咸求假焉貲至巨萬而賑贍宗族恩加鄉閭外孫何氏兄弟爭財重恥之以田二頃解其忿訟縣中稱美推為三老年八十餘終其素所假貸人間數百萬遺令焚削文契債家

聞者皆慙爭往償之（債音側界反）諸子從勑竟不肯受宏少有志行王莽末義兵起劉伯升與族兄賜俱將兵攻湖陽城守不下賜女弟爲宏妻湖陽由是收繫宏妻子令出譬伯升宏因留不反湖陽軍帥欲殺其妻子長吏巳下共相謂曰樊重子父禮義恩德行於鄉里雖有罪且當在後會漢兵日盛湖陽惶急未敢殺之遂得免脫更始立欲巳宏爲將宏叩頭辭曰書生不習兵事竟得免歸與宗家親屬作營壍自守老弱歸之者千餘家時赤眉賊掠唐子鄉多所殘殺欲前攻宏營宏遣人持牛酒米穀勞遺赤眉赤眉長老先聞宏仁厚皆稱曰樊君素善且今見待如此何心攻之引兵而去遂免寇難世祖卽位拜光祿大夫位特進次三公建武五年封長羅侯（長羅縣名屬陳留郡故城在今滑州匡城縣東北）十三年封弟丹爲射陽侯（在射水之陽水經注曰泚水西南流射水注之水出射城北建武十三年封樊重少子丹爲射陽侯卽其國也按臨淮郡辟有射陽縣疑遠非此地也）兄子尋玄鄉侯族兄忠更父侯

十五年定封宏壽張侯十八年帝南祠章陵過湖陽祠重墓追爵謚爲壽張敬侯立廟於湖陽車駕每南巡常幸其墓賞賜大會宏爲人謙柔畏慎不求苟進常戒其子曰富貴盈溢未有能終者吾非不喜榮埶也天道惡滿而好謙前世貴戚皆明戒也易曰天道虧盈而益謙人道惡盈而好謙也保身全己豈不樂哉每當朝會輒迎期先到俯伏待事時至迺起帝聞之常勑騶騎臨朝迺告勿令豫到宏所上便宜及言得失輒手自書寫毀削草本公朝訪逮不敢衆對宗族染其化未嘗犯法帝甚重之及病困車駕臨視留宿問其所欲言宏頓首自陳無功享食大國誠恐子孫不能保全厚恩令臣魂神慙負黃泉願還壽張食小鄉亭帝悲傷其言而竟不許二十七年卒遺勑薄葬一無所用以爲棺柩一臧不宜復見如有腐敗傷孝子之心使與夫人同墳異臧帝善其令以書示百官因曰今不順壽張侯意無

吕彰其德且吾萬歲之後欲吕爲式賻錢千萬布萬匹謚曰恭侯贈吕印綬車駕親送葬子儵嗣帝悼宏不已復封少子茂爲平望侯平望縣屬北海郡故城在今青州北海縣西北俗名平望臺也樊氏侯者凡五國明年賜儵弟鮪及從昆弟七人合錢五千萬

論曰昔楚頃襄王問陽陵君曰君子之富何如對曰假人不德不責食人不使不役親戚愛之衆人善之假貸人者不自以爲德不責其報也食善人者不使役之故衆人稱善也說苑曰楚王問莊辛之言也若迺樊重之折契止訟其庶幾君子之富乎分地吕用天道實廪吕崇禮節管子曰倉廪實而知禮節取諸理化則亦可吕施於政也與夫愛而畏者何殊間哉左傳曰是以其人畏而愛之何殊間哉言不異也間音古莧反

儵字長魚謹約有父風事後母至孝及母卒哀思過禮毀病不自支世祖常遣中黃門朝暮送饘粥饘糜也服闋就侍中丁恭受公羊嚴氏春秋嚴彭祖也建武中禁網尙闊諸王既長各招引賓客吕儵外戚爭

遺致之而儵清靜自保無所交結及沛王輔事發貴戚子弟多見收捕儵以不豫得免帝崩儵爲復土校尉復土校尉主葬事復土於壙也永平元年拜長水校尉與公卿雜定郊祠禮儀以讖記正五經異說北海周澤琅邪承宫竝海內大儒儵皆以爲師友而致之於朝上言郡國舉孝廉率取年少能報恩者耆宿大賢多見廢棄宜勑郡國簡用良俊又議刑辟宜須秋月以順時氣顯宗竝從之二年以壽張國益東平王徙封儵燕侯燕縣名屬東郡其後廣陵王荆有罪帝以至親悼傷之詔儵與羽林監南陽任隗雜理其獄事竟奏請誅荆引見宣明殿帝怒曰諸卿以我弟故欲誅之卽我子卿等敢爾邪儵仰而對曰天下高帝天下非陛下之天下也春秋之義君親無將將而誅焉公羊傳之文也將者將爲弑逆之事也是以周公誅弟季友鴆兄經傳大之周公之弟管蔡二叔流言於國云周公攝政將不利於成王故周公誅之左傳曰周公殺管叔而蔡蔡叔夫豈不愛王室故也杜預注曰蔡放也又曰魯莊公有疾叔牙欲立公子般友遂鴆叔牙殺之公羊傳曰季子殺母兄何善其誅不得避

兄君臣之義也上槃音薩臣等㠯荆屬託毋弟陛下留聖心加惻隱故敢請耳如令陛下子臣等專誅而已專謂不請也帝歎息良久儵益㠯此知名其後弟鮪爲子賞求楚王英女敬鄉公主儵聞而止之曰建武時吾家竝受榮寵一宗五侯謂宏封長羅侯弟丹射陽侯兄子尋玄鄉侯族兄忠更父侯宏又封壽張侯也時特進一言女可㠯配王男可㠯尚主宏爲特進但㠯貴寵過盛卽爲禍患故不爲也且爾一子奈何棄之於楚乎鮪不從十年儵卒贈賵甚厚謚曰哀侯帝遣小黃門張音問所遺言先是河南縣亡失官錢典負者典謂主典負謂欠負坐死及罪徙者甚衆遂委責於人㠯償其秏鄉部吏司因此爲姦儵常疾之又野王歲獻甘醪膏餳醪醇酒汁滓相將也每輒擾人吏㠯爲利儵竝欲奏罷之疾病未及得上音歸具㠯聞帝覽之而悲歎勑二部竝令從之長子汜嗣㠯次子郴梵爲郎其後楚事發覺帝追念儵謹恪又聞其止鮪婚事故其諸子得不坐焉梵字文高爲郎二十餘

年三署服其重慎（三署解見和帝紀也）悉推財物二千餘萬與孤兄子官至大鴻臚汜卒子時嗣時卒子建嗣建卒無子國絕永寧元年鄧太后復封建弟盼盼卒子尚嗣初儵删定公羊嚴氏春秋章句世號樊侯學教授門徒前後三千餘人弟子潁川李修九江夏勤皆爲三公勤字伯宗爲京宛二縣令零陵太守所在有理能稱安帝時位至司徒

準字幼陵宏之族曾孫也（準武作淮）父瑞好黃老言淸靜少欲準少勵志行修儒術以先父產業數百萬讓孤兄子永元十五年和帝幸南陽準爲郡功曹召見帝器之拜郎中從車駕還宮特補尚書郎鄧太后臨朝儒學陵替準迺上疏曰臣聞賈誼有言人君不可以不學故雖大舜聖德孳孳爲善（孟子曰雞鳴而起孜孜爲善者舜之徒也）成王賢主崇明師傅（尚書曰召公爲保周公爲師相成王爲左右也）及光武皇帝受命中興群雄崩擾旌旗亂野東西

誅戰不違啓處然猶投戈講藝息馬論道至孝明皇帝兼天地之姿用日月之明庶政萬機無不簡心而垂情古典游意經藝每饗射禮畢正坐自講諸儒並聽四方欣欣雖闕里之化矍相之事誠不足言孔子闕里人也禮記云孔子射於矍相之圃蓋觀者如堵牆也又多徵名儒以充禮官如沛國趙孝琅邪承宮等或安車結駟告歸鄉里安車坐乘之車也告歸謂休假歸也或豐衣博帶從見宗廟其餘以經術見優者布在廊廟故朝多皤皤之良華首之老皤皤白首貌也音步河反書曰皤皤良士華首謂白首也每讌會則論難衎衎共求政化衎衎和樂貌也詳覽群言響如振玉孟子曰金聲而玉振之也朝者進而思政罷者退而備問小大隨化雍雍可嘉期門羽林介冑之士悉通孝經博士議郎一人開門徒眾百數開門謂開一家之說化自聖躬流及蠻荒匈奴遣伊秩訾王大車且渠來入就學八方肅清上下無事是以議者每稱盛時咸言永平今學者益少遠方尤甚博士倚席不講儒者競論浮麗忘謇謇之忠

習諓諓之辭諓諓巧言也音踐前書曰昔秦穆公說諓諓之言也文吏則去法律而學詆欺詆亦欺也銳錐刀之鋒斷刑辟之重德陋俗薄㠯致苛刻左傳曰鄭人鑄刑書叔向使貽子産書曰今子相鄭立謗政鑄刑書人知爭端矣將棄禮而徵于書錐刀之末將盡爭之鄭其敗乎杜預注云錐刀喻小事也昔孝文竇后性好黃老而清靜之化流景武之間臣愚㠯為宜下明詔博求幽隱發揚巖穴寵進儒雅有如孝宮者徵詣公車㠯俟聖上講習之期公卿各舉明經及舊儒子孫進其爵位使纘其業復召郡國書佐使讀律令如此則延頸者日有所見傾耳者月有所聞伏願陛下推述先帝進業之道周易曰君子進德修業太后深納其言是後屢舉方正敦樸仁賢之士準再遷御史中丞永初之初連年水旱災異郡國多被飢困準上疏曰臣聞傳曰飢而不損茲曰太厥災水洪範五行傳之文也言下人飢饉君上不能損減謂之為太太猶甚也春秋穀梁傳曰五穀不登謂之大侵大侵之禮百官備而不制官職備列不造作也羣神禱而不祠禱請而已無祭祀也由是言之調和陰陽寔在儉節朝廷雖勞心

元元事從省約而在職之吏尚未奉承夫建化致理由近及遠故詩曰京師翼翼四方是則韓詩之文也翼翼然盛也今可先令太官尚方考功上林池籞諸官實減無事之物前書百官表曰少府掌山海池澤之稅屬官有太官考工尚方上林中十池監也太官掌御膳飲食考工主作器械尚方主作刀劍器物籞者於池苑中以竹綿聯之爲禁籞也實減謂實覆其數減之也五府調省中都官吏京師作者五府謂太傅太尉司徒司空大將軍也調徵發也省減也中都官吏在京師之官吏也作謂營作者也如此則化及四方人勞省息伏見被災之郡百姓凋殘恐非賑給所能勝贍雖有其名終無其實可依征和元年故事武帝征和元年詔曰當今務在禁苛暴止擅賦力本農桑無乏武備而已遣使持節慰安尤困乏者徙置荆揚孰郡既省轉運之費且令百姓各安其所今雖有西屯之役宜先東州之急時先零羌斷隴道大爲寇害遣車騎將軍鄧騭征西校尉任尚討之故曰西屯役也東州謂冀兖州時又遣光祿大夫樊準呂倉分冀兖二州廩貸流人也如遣使者與二千石隨事消息悉留富人守其舊土轉尤貧者過所衣食誠父母之計也衣音於既反食音飤願以臣言下公卿平議太后從之悉以公田賦與貧人卽擢準與議郎呂倉竝守光

祿大夫準使冀州倉使兗州準到部開倉稟食稟給慰安生業流人咸得蘇息還拜鉅鹿太守時飢荒之餘人庶流迸家戶且盡準課督農桑廣施方略朞年間穀粟豐賤數十倍而趙魏之郊數爲羌所鈔暴準外禦寇虜內撫百姓郡境以安五年轉河內太守時羌復屢入郡界準輒將兵討逐修理塢壁說文曰塢小障也威名大行視事三年以疾徵三轉爲尚書令明習故事遂見任用元初三年代周暢爲光祿勳五年卒於官

陰識字次伯南陽新野人也光烈皇后之前母兄也其先出自管仲管仲七世孫修自齊適楚爲陰大夫因而氏焉秦漢之際始家新野及劉伯升起義兵識時游學長安聞之委業而歸率子弟宗族賓客千餘人往詣伯升伯升以識爲校尉更始元年遷偏將軍從攻宛別降新野淯陽杜衍冠軍胡陽五縣並屬南陽郡也二年更始封識

陰德侯行大將軍事建武元年光武遣使迎陰貴人於新野幷徵識識隨貴人至㠯爲騎都尉更封陰鄉侯二年㠯征伐軍功增封識叩頭讓曰天下初定將帥有功者衆臣託屬掖庭仍加爵邑不可㠯示天下帝甚美之㠯爲關都尉鎮函谷遷侍中㠯母憂辭歸十五年定封原鹿侯原鹿縣屬汝南郡俗本鹿作慶者誤及顯宗立爲皇太子㠯識守執金吾輔導東宮帝每巡郡國識常留鎮守京師委㠯禁兵入雖極言正議及與賓客語未嘗及國事帝敬重之常指識㠯勑戒貴戚激厲左右焉識所用掾史皆簡賢者如虞廷傅寬薛愔等多至公卿校尉顯宗卽位拜爲執金吾位特進永平二年卒贈㠯本官印綬謚曰貞侯子躬嗣躬卒子璜嗣永初七年爲奴所殺無子國絕永寧元年鄧太后㠯璜弟淑紹封淑卒子鮪嗣躬弟子綱女爲和帝皇后封綱吳房侯位特進三子軼輔敞皆黃門侍郎后坐巫蠱

事廢綱自殺輔下獄死軼傚徙日南識弟興

興字君陵光烈皇后母弟也為人有膂力建武二年為黃門侍郎守期門僕射典將武騎從征伐平定郡國興每從出入常操持小蓋障翳風雨躬履塗泥率先期門光武所幸之處輒先入清宮甚見親信雖好施接賓然門無俠客與同郡張宗上谷鮮于裒不相好知其有用猶稱所長而達之友人張汜杜禽與興厚善以為華而少實但私之以財終不為言是以世稱其忠平第宅苟完裁蔽風雨九年遷侍中賜爵關內侯帝後召興欲封之置印綬於前興固讓曰臣未有先登陷陣之功而一家數人並蒙爵土令天下觖望誠為盈溢觖音羌志反前書音義曰觖猶冀也一音決猶望之也臣蒙陛下貴人恩澤至厚富貴已極不可復加至誠不願帝嘉興之讓不奪其志貴人問其故興曰貴人不讀書記邪亢龍有悔易乾卦上九爻曰亢龍有悔窮之災也亢極也龍以喻君言居上體之極則有悔吝之災也夫

外戚家苦不知謙退嫁女欲配侯王取婦睎睨公主愚心實不安也富貴有極人當知足夸奢益爲觀聽所譏貴人感其言深自降挹卒不爲宗親求位十九年拜衞尉亦輔導皇太子明年夏帝風眩疾甚後以興領侍中受顧命於雲臺廣室（尚書曰成王將崩命召公作顧命孔安國注云臨終之命曰顧命洛陽南宮有雲臺廣德殿）會疾瘳召見興欲以代吳漢爲大司馬興叩頭流涕固讓曰臣不敢惜身誠虧損聖德不可苟冒至誠發中感動左右帝遂聽之二十三年卒時年三十九興素與從兄嵩不相能然敬其威重興疾病帝親臨問以政事及群臣能不興頓首曰臣愚不足以知之然伏見議郎席廣謁者陰嵩並經行明深踰於公卿興沒後帝思其言遂擢廣爲光祿勳嵩爲中郎將監羽林十餘年以謹敕見幸顯宗即位拜長樂衞尉遷執金吾永平元年詔曰故侍中衞尉關內侯興典領禁兵從平天下當以軍功顯受封爵又諸舅

比例應蒙恩澤興皆固讓安乎里巷輔導朕躬有周昌之直前書曰周昌沛人也爲御史大夫爲人強力敢直言極諫也在家仁孝有曾閔之行不幸早卒朕甚傷之賢者子孫宜加優異其以汝南之鮦陽封興子慶爲鮦陽侯鮦陽故城在今豫州新蔡縣北在鮦水之陽也音紂慶弟博爲瀙強侯瀙強縣屬汝南郡在瀙水之北博弟員丹竝爲郎慶推田宅財物悉與員丹帝以慶義讓擢爲黃門侍郎慶卒子琴嗣建初五年興夫人卒肅宗使五官中郎將持節即墓賜策追諡興曰翼侯琴卒子萬全嗣萬全卒子桂嗣興弟就嗣父封宣恩侯後改封爲新陽侯新陽縣屬汝南郡故城在今豫州眞陽縣西南就善談論朝臣莫及然性剛傲不得衆譽顯宗即位以就爲少府位特進就子豐尚酈邑公主光武女也公主驕妒豐亦狷急狷疾也音絹永平二年遂殺主被誅父母當坐皆自殺國除帝以舅氏故不極其刑陰氏侯者凡四人初陰氏世奉管仲之祀謂爲相君宣帝時陰子方者至孝有仁恩臘日晨炊而竈神形見雜五

行書曰竈神名禪字子郭衣黃衣夜被髮從竈中出知其名呼之可除凶惡宜市猪肝泥竈令婦孝子方再拜受慶家有黃羊因以祀之自是已後暴至巨富田有七百餘頃輿馬僕隸比於邦君子方常言我子孫必將彊大至識三世而遂繁昌故後常以臘日祀竈而薦黃羊焉

贊曰權族好傾后門多毀樊氏世篤陰亦戒侈恂恂苗胤傳龜襲紫恂恂恭順貌也公侯皆紫綬金印龜鈕見應劭漢官儀

樊宏陰識列傳第二十二

金陵書局仿汲古閣本刊

後漢書三十二

朱馮虞鄭周列傳第二十三　後漢書三十三

唐章懷太子賢注

朱浮字叔元沛國蕭人也初從光武爲大司馬主簿遷偏將軍從破邯鄲光武遣吳漢誅更始幽州牧苗曾迺拜浮爲大將軍幽州牧守薊城遂討定北邊建武二年封武陽侯食三縣浮年少有才能頗欲厲風迹（風化之迹也）收士心辟召州中名宿涿郡王岑之屬以爲從事（岑後爲梁州牧）及王莽時故吏二千石皆引置幕府迺多發諸郡倉穀稟贍其妻子漁陽太守彭寵以爲天下未定師旅方起不宜多置官屬以損軍實（謂甲兵糧儲也左傳曰隳軍實也）不從其令浮性矜急自多（矜誇多自取也）頗有不平因以峻文詆之（峻嚴切也詆誣也）寵亦很强兼負其功嫌怨轉積浮密奏寵遣吏迎妻而不迎其母又受貨賄殺害友人多聚兵穀意計難量寵既積怨聞之遂大怒而舉兵攻浮浮以書質責之（質正也）曰蓋

閒智者順時而謀愚者逆理而動常竊悲京城太叔㠯不知足而無賢輔卒自棄於鄭也（左傳曰鄭武公娶于申曰武姜生莊公及共叔段及莊公卽位武姜爲之請京使居謂之京城太叔既而太叔將襲鄭公命子封伐京京叛太叔段段出奔共也）伯通㠯名字典郡（伯通彭寵字也以名字顯著也）有佐命之功（光武初鎮河北寵遣吳漢等發步兵三千人先歸光武及圍邯鄲寵轉食前後不絕也）臨人親職愛惜倉庫而浮秉征伐之任欲權時救急二者皆爲國耳卽疑浮相譖何不詣闕自陳而爲族滅之計乎朝廷之於伯通恩亦厚矣委㠯大郡任㠯威武（光武賜寵號大將軍故云任以威武也）事有柱石之寄情同子孫之親（柱石以屋爲喻也）匹夫膢母尚能致命一餐（左傳曰趙盾田于首山舍于翳桑見靈輒餓問曰三日不食矣食之後晉靈公欲殺趙盾輒爲公甲士倒戟以禦公徒而免盾膢母未詳也）豈有身帶三綬職典大邦（寵爲漁陽太守建忠侯大將軍故帶三綬）而不顧恩義生心外畔者乎伯通與吏人語何㠯爲顏行步拜起何㠯爲容坐臥念之何㠯爲心引鏡窺影何施眉目舉措建功何㠯爲人惜乎棄休令之嘉名造梟鴟之逆謀（梟鴟卽鴟梟也其子適大還食其母說文云不孝鳥也）捐傳世之慶祚招破敗之重災高論堯舜之道

不忍桀紂之性，生爲世笑，死爲愚鬼，不亦哀乎！伯通與耿俠游俱起佐命，同被國恩。（俠游，耿況字也。況爲上谷太守，初與寵結謀，共歸光武也。）俠游謙讓，屢有降挹之言；（挹，損也。）而伯通自伐，以爲功高天下。往時遼東有豕，生子白頭，異而獻之，行至河東，見羣豕皆白，懷慙而還。若以子之功論於朝廷，則爲遼東豕也。今迺愚妄，自比六國。六國之時，其埶各盛，廓土數千里，勝兵將百萬，故能據國相持，多歷年世。今天下幾里，列郡幾城，奈何以區區漁陽而結怨天子？此猶河濱之人捧土以塞孟津，多見其不知量也！方今天下適定，海內願安，士無賢不肖，皆樂立名於世。而伯通獨中風狂走，自捐盛時，內聽驕婦之失計，外信讒邪之諛言，（浮密奏寵，上徵之。寵妻勸寵無應徵，又與所親信計議，吏皆怨浮，勸寵止不應徵也。）長爲羣后惡法，永爲功臣鑒戒，豈不誤哉！定海內者無私讎，勿以前事自誤，願留意顧老母幼弟。凡舉事無爲親厚者所痛，而爲見讎者所快。」寵得書愈怒，（愈猶益也。）攻浮轉急明年涿郡太守張豐亦舉兵反時二郡畔戾北州憂恐浮㠯爲天子必自將兵討之而但遣游擊將軍鄧隆陰助浮浮懷懼㠯爲帝怠於敵不能救之迺上疏曰昔楚宋列國俱爲諸侯莊王㠯宋執其使遂有投袂之師魏公子顧朋友之要觸冒強秦之鋒夫楚魏非有分職匡正之大義也莊王但爲爭彊而發忿公子㠯一言而立信耳左傳曰楚莊王使申舟無畏聘于齊曰無假道於宋宋人殺無畏莊王聞之投袂而起遂發兵圍宋史記魏公子無忌魏昭王之少子封信陵君仁而好士食客三千人公子姊爲趙平原君勝妻秦圍邯鄲求救於魏魏以秦強不敢救公子乃竊兵符奪晉鄙軍以救趙秦兵遂解也今彭寵反叛張豐逆節㠯爲陛下必棄捐它事㠯時滅之既歷時月寂漠無音從圍城而不救放逆虜而不討臣誠惑之昔高祖聖武天下既定猶身自征伐未嘗寧居高祖定天下之後猶自征匈奴陳豨黥布等也陛下雖興大業海內未集而獨逸豫不顧北垂百姓遑遑無所繫心三河冀州曷足㠯傳後哉今秋稼已熟復爲漁陽所掠張豐狂悖姦黨日增連年拒守吏士疲勞甲

胄生蟣蝨弓弩不得弛（鄭玄注周禮曰弛釋下也）上下焦心相望救護仰希陛下生活之恩詔報曰往年赤眉跋扈長安（跋扈猶暴橫也）吾策其無穀必東果來歸降今度此反虜埶無久全其中必有內相斬者今軍資未充故須後麥耳（須待也）浮城中糧盡人相食會上谷太守耿況遣騎來救浮浮迺得遁走南至良鄉其兵長反遮之（兵長兵之長帥也）浮恐不得脫迺下馬刺殺其妻僅以身免城降於寵尚書令侯霸奏浮敗亂幽州搆成寵罪徒勞軍師不能死節罪當伏誅帝不忍以浮代賈復爲執金吾徙封父城侯後豐寵並自敗帝以二千石長吏多不勝任時有纖微之過者必見斥罷交易紛擾百姓不寧六年有日食之異浮因上疏曰臣聞日者衆陽之所宗君上之位也凡居官治民據郡典縣皆爲陽爲上爲尊爲長若陽上不明尊長不足則干動三光（干犯也三光日月星也）垂示王者五典紀國家之政（禮記曰溫柔敦厚詩教也疏通知遠書教也絜靜精微易教也恭儉莊敬禮教

也屬辭比事春秋教也鴻範別災異之文鴻範尚書篇名箕子爲武王陳政道陰陽之法災異卽咎徵之類也皆宣明天道以徵來事者也徵驗也陛下哀愍海內新離禍毒保宥生人宥寬也使得蘇息而今牧人之吏多未稱職小違理實輒見斥罷豈不粲然黑白分明哉淮南子曰聖人見是非若黑白之別於目清濁之形於耳也然以堯舜之盛猶加三考考謂考其功最也尚書舜典曰三載考績三考黜陟幽明也大漢之興亦累功效吏皆積久養老於官至名子孫因爲氏姓前書武帝時漢有天下已七十餘年爲吏者長子孫居官者以爲姓號人人自愛而重犯法音義曰時無事吏不數轉至於子孫而不轉職今倉氏庫氏因以爲姓卽倉庫吏之後也當時吏職何能悉理論議之徒豈不諠譁蓋以爲天地之功不可倉卒艱難之業當累日也而間者守宰數見換易迎新相代疲勞道路尋其視事日淺未足昭見其職既加嚴切人不自保各相顧望無自安之心有司或因睚眦以騁私怨苟求長短求媚上意二千石及長吏迫於舉劾懼於刺譏故爭飾詐僞以希虛譽斯皆羣陽騷動日月失行之應夫物暴長者必夭折功卒成者必亟壞

如摧長久之業而造速成之功非陛下之福也天下非一時之用也海內非一旦之功也願陛下游意於經年之外望化於一世之後（孔子曰如有王者必世而後仁見論語）天下幸甚帝下其議羣臣多同於浮自是牧守易代頗簡舊制州牧奏二千石長吏不任位者事皆先下三公三公遣掾史案驗然後黜退帝時用明察不復委任三府而權歸刺舉之吏（刺舉即州牧也）浮復上疏曰陛下清明履約率禮無違自宗室諸王外家后親皆奉遵繩墨無黨埶之名至或乘牛車齊於編人斯固法令整齊下無作威者也求之於事宜以和平而災異尤見者而豈徒然天道信誠不可不察竊見陛下疾往者上威不行下專國命即位以來不用舊典信刺舉之官黜鼎輔之任至於有所劾奏便加退免覆案不關三府罪譴不蒙澄察陛下以使者爲腹心而使者以從事爲耳目是爲尚書之平決於百石之吏（使者刺史也續漢志曰每州有從事秩百石耳）

引謂令采察也平謂平決也故羣下苛刻各自爲能兼㠯私情容長憎愛在職皆競張空虛㠯要時利故有罪者心不厭服無咎者坐被空文不可經盛衰貽後王也貽遺也夫事積久則吏自重重猶愛惜也吏安則人自靜傳曰五年再閏天道迺備周天三百六十五度四分度之一日行一度一年十二月除小月六日卽一歲三百五十四日是爲每歲日行天餘一十一度四分度之一不匝一年餘十一日四分日之一故三年卽餘三十三日四分日之三閏月又小是五年卽得再閏夫㠯天地之靈猶五載㠯成其化況人道哉臣浮愚戇不勝惓惓願陛下留心千里之任省察偏言之奏七年轉太僕浮又㠯國學旣興宜廣博士之選迺上書曰夫太學者禮義之宮教化所由興也陛下尊敬先聖垂意古典宮室未飾干戈未休而先建太學造立横舍横學也或作黌義亦同比日車駕親臨觀饗將㠯弘時雍之化顯勉進之功也雍和也書曰黎民於變時雍乃勉勸也尋博士之官爲天下宗師使孔聖之言傳而不絕舊事策試博士必廣求詳選爰自畿夏延及四方是㠯博舉明經唯賢是登畿王畿夏華夏也漢官儀曰博士秦官也武帝

初置五經博士後增至十四人太常差選有聰明威重一人爲祭酒總領綱紀其舉狀曰生事愛敬喪沒如禮通易尚書孝經論語兼綜載籍窮微闡奧隱居樂道不求聞達身無金痍痼疾世六屬不與妖惡交通王侯賞賜行應四科經任博士下言某官某甲保舉學者精勵遠近同慕伏聞詔書更試五人唯取見在洛陽城者臣恐自今已往將有所失求之密邇容或未盡而四方之學無所勸樂凡策試之本貴得其眞非有期會不及遠方也又諸所徵試皆私自發遣非有傷費煩擾於事也語曰中國失禮求之於野劉歆移書太常曰夫禮失求之於野古文不猶愈於野乎臣浮幸得與講圖讖與音預故敢越職帝然之二十年代竇融爲大司空二十二年坐賣弄國恩免二十五年徙封新息侯帝以浮陵轢同列每銜之陵轢猶欺蔑也惜其功能不忍加罪永平中有人單辭告浮事者單辭謂無正據也書曰明清于單辭顯宗大怒賜浮死長水校尉樊儵言於帝曰唐堯大聖兆人獲所獲得也尚優游四凶之獄厭服海內之心優游謂優柔也四凶者鯀共工驩兜三苗左傳曰舜流四凶族今云堯者舜爲堯臣而流之也書曰四罪而天下咸服使天下咸知然後殛罰殛誅也音紀力反浮事雖昭明而未達人聽宜下

廷尉章著其事帝亦悔之

論曰吳起與田文論功文不及者三朱買臣難公孫弘十策弘不得其一終之田文相魏公孫宰漢誠知宰相自有體也史記魏置相田文吳起不悅謂田文曰請與子論功可乎田文曰可起曰將三軍使士卒樂死敵國不敢謀子孰與起田文曰不如子起曰理百官親萬人實府庫子孰與起田文曰不如子吳起曰守西河秦人不敢東向韓趙賓從子孰與起田文曰不如子吳起曰此三者子皆出吾下而位加吾上何也田文曰主少國疑大臣未附百姓不信方是時屬之於子乎屬之於我乎吳起默然良久曰屬之於子矣田文曰此乃吾所以居子上也吳起方乃自知不如武帝時方築朔方公孫弘諫以為罷獘中國上使朱買臣難弘發十策弘不得一故曾子曰君子所貴乎道者三三謂動容貌正顏色出辭氣事見論語籩豆之事則有司存籩豆禮器也小細之務有司所主非人君之事也而光武明帝躬好吏事亦已課覈三公課其殿最覈其得失其人或失而其禮稍薄至有誅斥詰辱之累任職責過一至於此追感賈生之論不亦篤乎賈誼曰廉恥禮節以繩君子故有賜死而無戮辱是以黥劓之罪不及大夫以其離主上不遠也是時人告周勃謀反繫長安卒無事故誼以此譏上也朱浮議諷苛察欲速之弊然矣論語孔子曰無欲速無見小利欲速則不達見小利則大事不成以光武帝明察煩刻故引之焉得長者之言哉前書龔遂為渤海郡太守王生謂遂曰君卽見上問君何以化渤海宜曰聖主之力非小臣之力也既至前上果問遂對如王生言天子悅曰君安得長者之言而稱也

馮魴字孝孫南陽湖陽人也其先魏之支別食菜馮城因㠯氏焉東觀記曰其先魏之別封曰華侯華侯孫長卿食菜馮城因以氏焉魴父名揚也秦滅魏遷於湖陽爲郡族姓王莽末四方潰畔魴迺聚賓客招豪傑作營壍㠯待所歸待眞主也是時湖陽大姓虞都尉反城稱兵先與同縣申屠季有仇而殺其兄謀滅季族季亡歸魴魴將季欲還其營道逢都尉從弟長卿來欲執季魴叱長卿曰我與季雖無素故士窮相歸要當㠯死任之卿爲何言遂與俱歸季謝曰蒙恩全死無㠯爲報恩有牛馬財物願悉獻之魴作色曰吾老親弱弟皆在城中今日相與尚無所顧何云財物乎季慙不敢復言魴自是爲縣邑所敬信故能據營自固時天下未定而四方之士擁兵矯稱者甚衆唯魴自守兼有方略光武聞而嘉之建武三年徵詣行在所見於雲臺卽南宮雲臺也拜虞令虞縣屬梁國本虞國舜後所封之邑今宋州虞城縣也爲政敢殺伐㠯威信稱遷郟令後車駕西征隗囂潁川盜賊羣

起郟賊延褒等衆三千餘人攻圍縣舍魴率吏士七十許人力戰連日弩矢盡城陷魴迺遁去帝聞郡國反卽馳赴潁川魴詣行在所帝案行鬬處知魴力戰迺嘉之曰此健令也所當討擊勿拘州郡褒等聞帝至皆自髡剔剔音他狄反聲類曰亦髡字音他計反謂剃去髮也負鈇鑕說文曰鈇剉刀也鑕椹也音質將其衆請罪帝且赦之使魴轉降諸聚落縣中平定詔迺悉以褒等還魴誅之魴責讓以行軍法皆叩頭曰今日受誅死所無恨魴曰汝知悔過伏罪今一切相赦聽各反農桑爲令作耳目皆稱萬歲是時每有盜賊竝爲褒等所發無敢動者縣界清淨十三年遷魏郡太守二十七年以高第入代趙熹爲太僕中元元年從東封岱宗行衞尉事還代張純爲司空賜爵關內侯二年帝崩使魴持節起原陵更封楊邑鄉侯食三百五十戶永平四年坐考隴西太守鄧融聽任姦吏策免削爵土六年顯宗幸魯復行衞尉事七年代

陰嵩爲執金吾魴性矜嚴公正在位數進忠言多見納用十四年詔復爵土明年東巡郡國留魴宿衛南宮東觀記曰勑魴車駕發後將緹騎宿玄武門復道上領南宮吏士保給狀薦子孫得到魴所建初三年以老病乞身肅宗許之其冬爲五更詔魴朝賀就列侯位元和二年卒時年八十六子柱嗣尚顯宗女獲嘉長公主少爲侍中以恭肅謙約稱位至將作大匠柱卒子定嗣官至羽林郎將定卒無子國除定弟石襲母公主封獲嘉侯亦爲侍中稍遷衞尉能取悅當世爲安帝所寵帝嘗幸其府留飲十許日賜駮犀具劍佩刀以班犀飾劍也紫艾綬艾即盭綠色也其色似艾玉玦各一半環曰玦以飾帶也拜子世爲黃門侍郎世弟二人皆郎中自永初兵荒王侯租秩多不充於是特詔以它縣租稅足石令如舊限足音即諭反歲入穀三萬斛錢四萬遷光祿勳遂代楊震爲太尉及北鄉侯立章帝孫濟北惠王壽之子懿也遷太傅與太尉東萊劉熹參錄尚書事順帝既立石與熹皆以阿黨閻顯江京等策

免復爲衛尉卒子代嗣代卒弟承嗣爲步兵校尉石弟珖（珖音光）和帝時詔封楊邑侯亦以石寵官至城門校尉卒子肅嗣爲黃門侍郎

虞延字子大陳留東昏人也（東昏縣故城在今汴州陳留縣東北東昏屬山陽郡俗本爲緡者誤也）延初生其上有物若一匹練遂上昇天占者以爲吉及長長八尺六寸要帶十圍力能扛鼎（說文曰扛鼎橫關對舉也扛音江）少爲戶牖亭長時王莽貴人魏氏（謝承書曰莽貴人魏氏以椒房之寵威傾郡縣）賓客放從延率吏卒突入其家捕之以此見怨故位不升性敦朴不拘小節又無鄉曲之譽王莽末天下大亂延常嬰甲冑擁衛親族扞禦鈔盜賴其全者甚衆延從女弟年在孩乳其母不能活之棄於溝中延聞其號聲哀而收之養至成人（謝承書曰養育成人以妻同縣人王氏）建武初仕執金吾府除細陽令（細陽縣屬汝南郡故城在今潁州汝陰縣西北）每至歲時伏臘輒休遣徒繫各使歸家並感其恩德應期而還有囚於家被病自載詣獄既至而死延率掾吏殯於門外百姓感悅之後去官還鄉

里太守富宗聞延名，召署功曹。富姓宗名。宗性奢靡，車服器物多不中節。延諫曰：「昔晏嬰輔齊，鹿裘不完；晏子曰晏子布衣鹿裘以朝公曰夫子之家若此之貧也奚衣之惡也季文子相魯，妾不衣帛。左傳曰季文子相魯妾不衣帛馬不食粟以約失之者鮮矣。」宗不悅，延即辭退。居有頃，宗果以侈從被誅，臨當伏刑，攬涕而歎曰：「恨不用功曹虞延之諫！」光武聞而奇之。二十年，東巡，路過小黃，高帝母昭靈后園陵在焉。小黃縣屬陳留郡故城在今汴州陳留縣東北漢官儀注曰高帝母起兵時死小黃北後爲作陵廟於小黃陳留風俗傳云沛公起兵野戰喪皇妣於黃鄉天下平乃使使者梓宮招魂幽野有丹蛇在水自洗濯入於梓宮其浴處仍有遺髮故謚曰昭靈夫人因作園陵寢殿司馬門鐘簴衛守小黃有祭器籩豆鼎俎之屬十四種廟基尚存焉時延爲部督郵，詔呼引見，問園陵之事。延進止從容，占拜可觀，其陵樹株蘖，皆諳其數，株根也蘖伐木更生也俎豆犧牲，頗曉其禮。帝善之，敕延從駕到魯。還經封丘城門，門下小，不容羽蓋，封丘今汴州縣也帝怒，使撻侍御史。延因下見引咎，以爲罪在督郵。言辭激揚，有感帝意，乃制詔曰：「以陳留督郵虞延故，貰御史罪。」貰放也延從送車駕西盡郡界，賜錢及劍帶佩刀還郡於是聲名遂振二十三年司徒玉況辟焉 謝承書曰況字文伯京兆杜陵人也代爲三輔名族該總五經志節高亮爲陳留太守性聰敏善行德教永平十五年蝗蟲起泰山彌衍兗豫過陳留界飛逝不集五穀獨豐章和元年詔以況爲司徒玉姓音宿 時元正朝賀帝望而識延遣小黃門馳問之卽日召拜公車令明年遷洛陽令是時陰氏有客馬成者常爲姦盜延收考之陰氏屢請獲一書輒加篣二百 篣捶也音彭 信陽侯陰就 就光烈皇后弟也就本傳信作新 迺訴帝譖延多所冤枉帝迺臨御道之館親錄囚徒延陳其獄狀可論者在東無理者居西成迺回欲趨東延前執之謂曰爾人之巨蠹久依城社不畏熏燒 齊景公問晏子曰理國何患對曰患社鼠公曰何謂社鼠對曰社鼠不可熏人君之左右亦國之社鼠也 今考實未竟宜當盡法成大呼稱枉陛戟郎以戟刺延叱使置之 續漢志曰凡郎官皆主執戟宿衛也 帝知延不私謂成曰汝犯王法身自取之呵使速去後數日伏誅於是外戚斂手莫敢干法在縣三年遷南陽太守永平初有新野功曹鄧衍以外戚小侯每豫朝會而容姿趨步有出於衆顯宗目之顧左右

曰朕之儀貌豈若此人特賜輿馬衣服延㠯衍雖有容儀而無實行未嘗加禮帝既異之迺詔衍令自稱南陽功曹詣闕謝承書曰帝賜輿馬衣服劒佩刀錢二萬南陽計吏歸具以啓延延知衍華不副實行不配容積三年不用於是上乃自勑衍稱南陽功曹詣闕既到拜郎中遷玄武司馬玄武宮之北門也每宮城門皆有司馬一人秩千石見續漢志衍在職不服父喪帝聞之迺歎曰知人則哲惟帝難之信哉斯言衍慙而退由是㠯延爲明三年徵代趙憙爲太尉八年代范遷爲司徒歷位二府十餘年無異政績會楚王英謀反陰氏欲中傷之使人私㠯楚謀告延延㠯英藩戚至親不然其言又欲辟幽州從事公孫弘郡國有從事主督促文書察舉非法皆州自辟除故通爲百石郎功曹從事理中從事之類是也見續漢志㠯弘交通楚王而止竝不奏聞及英事發覺詔書切讓延遂自殺家至清貧子孫不免寒餒餒餓也謝承書曰身沒之後家貧空子孫同衣而出幷日而食延從曾孫放字子仲少爲太尉楊震門徒及震被讒自殺順帝初放詣闕追訟震罪由是知名桓帝時爲尚書㠯議誅大將軍梁冀功封都亭侯後

爲司空坐水災免性疾惡宦官遂爲所陷靈帝初與長樂少府李膺等俱㠯黨事誅

鄭弘字巨君會稽山陰人也（孔靈符會稽記曰射的山南有白鶴山此鶴爲仙人取箭漢太尉鄭弘嘗采薪得一遺箭頃有人覓弘還之問何所欲弘識其神人也曰常患若耶溪載薪爲難願旦南風暮北風後果然故若耶溪風至今猶然呼爲鄭公風也）從祖吉宣帝時爲西域都護（謝承書曰其曾祖父本齊國臨淄人官至蜀郡屬國都尉武帝時徙强宗大姓不得族居將三子移居山陰因遂家焉長子吉雲中都尉西域都護中子兗州刺史少子舉孝廉理劇東部候也）

弘少爲鄉嗇夫（謝承書曰爲靈文鄉嗇夫愛人如子續漢志曰其鄉小者縣署嗇夫一人主知人善惡爲役先後知人貧富爲賦多少平其差品也）太守第五倫行春（太守常以春行所主縣勸人農桑振救乏絕見續漢志）見而深奇之召署督郵舉孝廉弘師同郡河東太守焦貺楚王英謀反發覺㠯疏引貺（疏書貺也）貺被收捕疾病於道亡沒妻子閉繫詔獄掠考連年諸生故人懼相連及皆改變名姓㠯逃其禍弘獨髡頭負鈇鑕詣闕上章爲貺訟罪顯宗覺悟卽赦其家屬弘躬送貺喪及妻子還鄉里由是顯名拜爲騶令（騶今兗州縣謝承書曰弘勤行德化部人王逢等得路遺寶物縣於道衢求主還之曾國當春大旱五穀不豐騶獨致雨偏熟永平十五年蝗起太山流被郡國過騶界不集

郡因以狀聞詔書以爲不然遣使案行如言也政有仁惠民稱蘇息遷淮陰太守謝承書曰弘消息繇賦政不煩苛行春大旱隨車致雨白鹿方道挾轂而行弘怪問主簿黃國曰鹿爲吉爲凶國拜賀曰聞三公車轓畫作鹿明府必爲宰相四遷建初爲尚書令舊制尚書郎限滿補縣長令史丞尉弘奏以爲臺職雖尊而酬賞甚薄至於開選多無樂者樂音五孝反請使郎補千石令史爲長帝從其議弘前後所陳有補益王政者皆著之南宮以爲故事出爲平原相徵拜侍中建初八年代鄭衆爲大司農舊交阯七郡貢獻轉運皆從東冶東冶縣屬會稽郡太康地理志云漢武帝名爲東冶後改爲東候官今泉州閩縣是汎海而至風波艱阻沈溺相係弘奏開零陵桂陽嶠道嶠嶺也於是夷通夷平也至今遂爲常路今謂范曄時也在職二年所息省三億萬計時歲天下遭旱邊方有警人食不足而帑藏殿積說文曰帑金布所藏之府弘又奏宜省貢獻減傜費以利飢人帝順其議元和元年代鄧彪爲太尉時舉將第五倫爲司空班次在下每正朔朝見弘曲躬而自卑帝問知其故遂聽置雲母屏風分隔其間以雲母飾屏風

後漢三十三

也

由此以爲故事在位四年奏尚書張林阿附侍中竇憲而素行臧穢又上洛陽令楊光憲之賓客在官貪殘竝不宜處位書奏吏與光故舊因以告之光報憲憲奏弘大臣漏泄密事帝詰讓弘收上印綬弘自詣廷尉詔勑出之因乞骸骨歸未許病篤上書陳謝幷言竇憲之短帝省章遣醫占弘病比至已卒臨歿悉還賜物勑妻子褐巾布衣素棺殯殮以還鄉里

周章字次叔南陽隨人也（叔或作升）初仕郡爲功曹時大將軍竇憲免封冠軍侯就國章從太守行春到冠軍太守猶欲謁之章進諫曰今日公行春豈可越儀私交且憲椒房之親埶傾王室而退就藩國禍福難量明府剖符大臣千里重任（剖符解見杜詩傳）舉止進退其可輕乎太守不聽遂便升車章前拔佩刀絕馬鞅於是迺止及憲被誅公卿以下多以交關得罪太守幸免以此重章舉孝廉六遷爲五官

中郎將延平元年爲光祿勳永初元年代魏霸爲太常其冬代尹勤爲司空是時中常侍鄭眾蔡倫等皆秉埶豫政章數進直言初和帝崩鄧太后以皇子勝有痼疾（痼猶廢也）不可奉承宗廟貪殤帝孩抱養爲己子故立之以勝爲平原王及殤帝崩羣臣以勝疾非痼意咸歸之太后以前既不立恐後爲怨迺立和帝兄清河孝王子祜是爲安帝章以眾心不附遂密謀閉宮門誅車騎將軍鄧騭兄弟及鄭眾蔡倫劫尚書廢太后於南宮封帝爲遠國王（遙遠之國也）而立平原王事覺勝策免章自殺家無餘財諸子易衣而出并日而食

論曰孔子稱可與立未可與權（論語載孔子之詞也立謂立功立事也）權也者反常者也（公羊傳曰權者何權者反乎經然後有善也）將從反常之事必資非常之會（會際也）使夫舉無違妄志行名全周章身非負圖之託（武帝欲立昭帝爲太子乃畫周公負成王圖賜霍光）德乏萬夫之望（詩云顒顒昂昂萬夫之望）王無絕天之釁地有既安之埶（書曰紂自絕於天結怨於人也）而創慮於難圖

希功於理絕不已悖乎悖逆也如令君器易己下議卽斗筲必能叨天業則狂夫豎臣亦自奮矣孟軻有言曰有伊尹之心則可無伊尹之心則簒矣孟子曰公孫丑問曰伊尹放太甲於桐宮人大悅太甲賢又反之人大悅賢者之爲人臣也其君不賢故可放歟孟子答以此言於戲方來之人戒之哉

贊曰朱定北州激成寵尤魴用降帑帑虜也延感歸囚鄭寶怨偶代相爲仇左傳曰怨偶曰仇周章反道小智大謀易曰智小而謀大力少而任重鮮不及矣

朱馮虞鄭周列傳第二十三

後漢書三十三

後漢書三十四

唐章懷太子賢注

梁統列傳第二十四 子松 竦 曾孫商 玄孫冀

梁統字仲寧安定烏氏人晉大夫梁益耳卽其先也東觀記曰其先與秦同祖出於伯益別封於梁梁益耳見左傳氏音支統高祖父子都自河東遷居北地子都子橋東觀記橋子溥溥子延以明軍謀特除西域司馬延生統以貲十萬徙茂陵至哀平之末歸安定統性剛毅而好法律初仕州郡更始二年召補中郎將使安集涼州拜酒泉太守會更始敗赤眉入長安統與竇融及諸郡守起兵保境謀其立帥初以位次咸共推統統固辭曰昔陳嬰不受王者以有老母也前書曰陳嬰故東陽令史少年殺其令相聚數千人迺請立嬰爲王嬰母謂曰吾自爲汝家婦聞先故未嘗貴今暴得大名不祥不如有所屬嬰迺不敢爲王今統內有尊親又德薄能寡誠不足以當之遂共推融爲河西大將軍更以統爲武威太守爲政嚴猛威行鄰郡建武五年統等各遣使隨竇融長史劉鈞詣闕奉貢願得詣行在所詔加統爲宣德將軍八年夏

光武自征隗囂統與竇融等將兵會車駕及囂敗封統爲成義侯同產兄巡從弟騰並爲關內侯拜騰酒泉典農都尉悉遣還河西十二年統與融等俱詣京師以列侯奉朝請更封高山侯拜太中大夫除四子爲郎統在朝廷數陳便宜以爲法令既輕下姦不勝宜重刑罰以遵舊典迺上疏曰臣竊見元哀二帝輕殊死之刑以一百二十三事手殺人者減死一等（東觀記曰元帝初元五年輕殊死刑三十四事哀帝建平元年輕殊死刑八十一事其四十二事手殺人者減死一等）自是以後著爲常準故人輕犯法吏易殺人臣聞立君之道仁義爲主仁者愛人義者政理愛人以除殘爲務政理以去亂爲心刑罰在衷無取於輕是以五帝有流殛放殺之誅（唐虞時流共工放驩兜殺三苗殛鯀堯爲五帝之一故舉言焉）三王有大辟刻肌之法（大辟罪之大者謂死刑也刻肌謂墨劓臏刖）故孔子稱仁者必有勇（論語載孔子之言也五帝三王皆以仁義而化而能用肉刑以正俗是爲勇也）又曰理財正辭禁民爲非曰義（易繫辭曰何以守位曰仁何以聚人曰財理財正辭禁人爲非曰義繫辭亦孔子作故稱又曰）高帝受命誅暴平蕩天下約

令定律誠得其宜高祖定天下使蕭何次律令文帝寬惠柔克遭世康平克能也言曰和柔能理俗也尚書帝典曰高明柔克也唯除省肉刑相坐之法它皆率由無革舊章秦法一人有罪並其家室文帝除肉刑并相坐律令餘則仍舊不改武帝值中國隆盛財力有餘征伐遠方軍役數興豪傑犯禁姦吏弄法故重首匿之科著知從之律凡首匿者爲謀首藏匿罪人至宣帝時除子匿父母妻匿夫孫匿祖父母罪餘至殊死上請知從謂見知故縱武帝時立見知故縱之罪使張湯等著律並見前書吕破朋黨吕懲隱匿宣帝聰明正直總御海內臣下奉憲無所失墜因循先典天下稱理至哀平繼體而即位日淺聽斷尚寡丞相王嘉輕爲穿鑿虧除先帝舊約成律王嘉字公仲平陵人案嘉傳及刑法志並無其事統與嘉時代相接所引固不妄矣但班固略而不載也數年之間百有餘事或不便於理或不厭民心謹表其尤害於體者傅奏於左體政體也傅音附伏惟陛下包元履德權時撥亂撥理也公羊傳曰撥亂代反之正功踰文武德侔高皇誠不宜因循季末衰亂之軌同神明察考量得失宣詔有司詳擇其善定不易之典施無窮之法天下幸甚事下三公廷尉議者吕爲

隆刑峻法非明王急務施行日久豈一朝所釐釐猶改也統今所定不宜開可統復上言曰有司吕臣今所言不可施行尋臣之所奏非曰嚴刑竊謂高帝吕後至乎孝宣其所施行多合經傳宜比方今事驗之往古聿遵前典事無難改不勝至願願得召見若對尚書近臣口陳其要帝令尚書問狀統對曰聞聖帝明王制立刑罰故雖堯舜之盛猶誅四凶經曰天討有罪五刑五庸哉尚書咎繇謨之詞也庸用也言天吕五刑討有罪用五刑必當也又曰爰制百姓于刑之衷尚書吕刑云士制百姓於刑之中孔安國注云咎繇作士制百官于刑之中此作爰爰於也義亦通衷音丁仲反下同孔子曰刑罰不衷則人無所厝手足厝置也衷之爲言不輕不重之謂也春秋之誅不避親戚左傳曰大義滅親又曰周公殺管叔夫豈不愛王室故也所吕防患救亂坐安衆庶豈無仁愛之恩貴絕殘賊之路也自高祖之興至於孝宣君明臣忠謀謨深博猶因循舊章不輕改革海內稱理斷獄益少至初元建平所減刑罰百有餘條初元元帝年也建平哀帝年也而盜賊浸多歲

㠯萬數聞者三輔從橫羣輩竝起從音子用反橫音戶孟反至燔燒茂陵火見未央其後隴西北地西河之賊越州度郡萬里交結攻取庫兵劫略吏人詔書討捕連年不獲東觀記統對尚書狀曰元壽二年三輔盜賊羣輩並起至燔燒茂陵都邑烟火見未央宮前代未嘗所有其後隴西新興北地任橫任崖西河曹況越州度郡萬里交結或從遠方四面會合遂攻取庫兵劫略吏人國家開封侯之科㠯軍法追捕僅能破散也是時㠯天下無難百姓安平而狂狡之埶猶至於此皆刑罰不衷愚人易犯之所致也由此觀之則刑輕之作反生大患惠加姦軌而害及良善也故臣統願陛下采擇賢臣孔光師丹等議孔光字子夏師丹字公仲並哀帝時丞相光明習漢制及法令丹初㠯論議深博徵入爲光祿大夫皆有議見前書議上遂寢不報上音時掌反後出爲九江太守定封陵鄉侯

統在郡亦有治迹吏人畏愛之卒於官子松嗣

松字伯孫少爲郎尚光武女舞陰長公主再遷虎賁中郎將松博通經書明習故事與諸儒修明堂辟雍郊祀封禪禮儀常與論議寵幸莫比光武崩受遺詔輔政永平元年遷太僕松數爲私書請

託郡縣二年發覺免官遂懷怨望四年冬迺縣飛書誹謗下獄死國除（飛書者無根而至若飛來也即今匿名書也）子匽後以恭懷皇后從兄永元中擢爲黃門侍郎歷位卿校尉溫恭謙讓亦敦詩書永初中爲長樂少府松弟

竦

竦字叔敬少習孟氏易（孟喜字長卿東海人見前書）弱冠能教授後坐兄松事與弟恭俱徙九眞既徂南土歷江湖濟沅湘（湖謂洞庭湖在今岳州水經云沅水出牂柯且蘭縣注云入洞庭會于江湘水出零陵始安縣陽海山至巴丘入于江）感悼子胥屈原以非辜沈身迺作悼騷賦繫玄石而沈之（東觀記載其文曰彼仲尼之佐魯兮先嚴斷而後弘衍雖離讒以嗚邑兮卒暴誅於兩觀殷伊尹之協德兮暨太甲而俱盛豈齊量其幾微兮徒信己以榮名雖吞刀以奉命兮抉目眥於門闔吳荒萌其已殖兮可信顏於王廬圖往鏡來兮關北在篇君名既泯沒兮後辟亦然屈平濯德兮絜顯芬香句踐罪種兮越嗣不長重耳忽推兮六卿卒強趙隕鳴犢兮秦人入疆樂毅奔趙兮燕亦是喪武安賜命兮昭以不王蒙宗不幸兮長平顚荒范父乞身兮楚項不昌何爾生不先後兮惟洪勳以遐邁服荔裳如朱紱兮騁鸞輅於犇瀨歷蒼梧之崇丘兮宗虞氏之俊乂臨眾瀆之神林兮東勑職於蓬碣祖聖道而垂典兮褒忠孝以爲珍既匡救而不得兮必殞命而後仁惟賈傅其違指兮何楊生之敗眞彼皇麟之高舉兮熙太淸之悠悠臨岷川以愴恨兮指丹海以爲期）顯宗後詔聽還本郡竦閉門自養以經籍爲娛著書數篇名曰

七序班固見而稱曰孔子著春秋而亂臣賊子懼左傳書齊豹曰盜三叛人名以懲不義善人勸焉淫人懼焉孟子云仲尼成春秋亂臣賊子懼梁竦作七序而竊位素餐者慚性好施不事產業長嫂舞陰公主贍給諸梁親疏有序特重敬竦雖衣食器物必有加異竦恐分與親族自無所服服猶用也竦生長京師不樂本土自負其才鬱鬱不得意嘗登高遠望歎息言曰大丈夫居世生當封侯死當廟食禮記曰諸侯五廟卿大夫三廟士一廟如其不然閑居可以養志詩書足以自娛州郡之職徒勞人耳後辟命交至並無所就有三男三女肅宗納其二女皆爲貴人小貴人生和帝竇皇后養以爲子而竦家私相慶後諸竇聞之恐梁氏得志終爲己害建初八年遂譖殺二貴人而陷竦等以惡逆詔使漢陽太守鄭據傳考竦罪死獄中家屬復徙九真辭語連及舞陰公主坐徙新城使者護守新城今洛州伊闕縣也宮省事密莫有知和帝梁氏生者永元九年竇太后崩松子扈遣從兄襢襢古

禰字也奏記三府以爲漢家舊典崇貴母氏而梁貴人親育聖躬不蒙尊號求得申議求申理而議之也太尉張酺引禮訊問事理會後召見因白禮奏記之狀帝感慟良久曰於君意若何酺對曰春秋之義母以子貴解見光武紀漢興以來母氏莫不隆顯臣愚以爲宜上尊號追慰聖靈存錄諸舅以明親親帝悲泣曰非君孰爲朕思之會貴人姊南陽樊調妻嫕嫕音於計反上書自訟曰妾同產女弟貴人前充後宮蒙先帝厚恩得見寵幸皇天授命誕生聖明而爲竇憲兄弟所見譖訴使妾父竦冤死牢獄骸骨不掩老母孤弟遠徙萬里獨妾遺脫逸伏草野常恐沒命無由自達今遭值陛下神聖之運親統萬機羣物得所憲兄弟姦惡既伏辜誅海內曠然各獲其宜妾得蘇息拭目更視迺敢昧死自陳所天臣以君爲天故云所天妾聞太宗即位薄氏蒙榮文帝即位尊薄太后爲皇太后封弟昭爲軹侯太后母前死櫟陽迺追尊太后父爲靈文侯會稽郡置園邑三百家櫟陽亦置靈文夫人園令如靈文侯園儀也宣帝繼統史

族復興（史良娣宣帝祖母也宣帝初生母王夫人死無所歸史良娣母貞君養視焉宣帝即位已舊恩封到史恭三子高爲樂陵侯曾爲將陵侯玄爲平臺侯）妾門雖有薄史之親獨無外戚餘恩誠自悼傷妾父既冤不可復生母氏年殊七十（殊猶過也）及弟棠等遠在絕域不知死生願乞收拣朽骨使母弟得歸本郡則施過天地存歿幸賴帝覽章感悟迺下中常侍掖庭令驗問之嫕辭證明審遂得引見具陳其狀迺留嫕止宮中連月乃出賞賜衣被錢帛第宅奴婢旬月之間累資千萬嫕素有行操帝益愛之加號梁夫人擢樊調爲羽林左監調光祿大夫宏兄之曾孫也（宏光武舅也）於是追尊恭懷皇后其冬制詔三公大鴻臚曰夫孝莫大於尊尊親親其義一也（禮記曰上正祖禰尊尊也下正子孫親親也）詩云父兮生我母兮鞠我撫我畜我長我育我顧我復我出入腹我欲報之德昊天罔極（詩小雅也毛萇注云鞠養也撫厚也鄭玄注云畜起也育覆育也顧旋視也復反覆也腹懷抱也極已也欲報父母之德昊天乎我心無已也）朕不敢興事覽於前世太宗中宗實有舊典（太宗文帝也中宗宣帝也）追命外祖以篤親親其追

封謚皇太后父竦爲褒親愍侯比靈文順成恩成侯昭帝母趙婕妤帝卽位追封婕妤父爲順成侯宣帝追封母王夫人父迺始爲恩成侯各置園廟也魂而有靈嘉斯寵榮好爵顯服以慰母心遣中謁者與嬺及扈備禮西迎竦喪竦死漢陽獄故自西迎也詣京師改殯賜東園畫棺玉匣衣衾東園署名主知棺槨漢儀注王侯葬腰已下玉爲札長尺廣二寸半爲匣下至足綴以黃金縷爲之匣字或作柙也建塋於恭懷皇后陵傍帝親臨送葬百官畢會徵還竦妻子封子棠爲樂平侯棠弟雍乘氏侯雍弟翟單父侯邑各五千戶位皆特進賞賜第宅奴婢車馬兵弩什物以巨萬計寵遇光於當世諸梁內外無親疏竝補郎謁者棠官至大鴻臚雍少府棠卒子安國嗣延光中爲侍中有罪免官諸梁爲郎吏者皆坐免

商字伯夏雍之子也少以外戚拜郎中遷黃門侍郎永建元年襲父封乘氏侯三年順帝選商女及妹入掖庭遷侍中屯騎校尉陽嘉元年女立爲皇后妹爲貴人加商位特進更增國土賜安車駟

馬其歲拜執金吾二年封子冀爲襄邑侯商讓不受三年以商爲大將軍固稱疾不起四年使太常桓焉奉策就第卽拜商詣闕受命明年夫人陰氏薨追號開封君（開封縣故城在今汴州浚儀縣南）贈印綬商自以戚屬居大位每存謙柔虛己進賢辟漢陽巨覽上黨陳龜爲掾屬李固周舉爲從事中郎於是京師翕然稱爲良輔帝委重焉（東觀漢記商少持韓詩兼讀衆書傳記天資聰敏昭達萬情舉措動作直推雅性務在誠實不爲華飾孝友著于閭閾明信結于友朋其在朝廷儼恪矜嚴威而不猛退食私館接賓待客寬和肅敬憂人之憂樂人之樂皆若在己輕財貨不爲之畜積故衣裘裁足卒歲奴婢車馬供用而已朝廷由是敬憚委任焉）每有飢饉輒載租穀於城門賑與貧餧不宣己惠檢御門族未嘗以權盛干法而性愼弱無威斷頗溺於內豎以小黃門曹節等用事於中遂遣子冀不疑與爲交友然宦者忌商寵任反欲陷之永和四年中常侍張逵蘧政內者令石光（內者署名令一人秩六百石屬少府見漢官儀也）尚方令傅福冗從僕射杜永連謀共譖商及中常侍曹騰孟賁云欲徵諸王子圖議廢立請收商等案

罪帝曰大將軍父子我所親騰貴我所愛必無是但汝曹共妒之耳遠等知言不用懼迫遂出矯詔收縛騰貴於省中帝聞震怒勑宦者李歙急呼騰貴釋之收遠等悉伏誅辭所連染及在位大臣商懼多侵枉迺上疏曰春秋之義功在元帥罪止首惡春秋經書虞師晉師滅下陽公羊傳曰虞微國也曷爲序于大國之上使虞首惡也曷爲使虞首惡虞受賂假滅國者道以取亡焉故賞不僭溢刑不淫濫五帝三王所以同致康乂也左傳曰善爲國者賞不僭而刑不濫賞僭則懼及淫人刑濫則懼及善人若不幸而過寧僭無濫竊聞考中常侍張逵等辭語多所牽及大獄一起無辜者衆死囚久繫纖微成大言久繫則細微之事引牽而成大也非所以順迎和氣平政成化也禮記月令孟春之月天子親帥三公九卿諸侯大夫以迎春於東郊命相布德和令行慶施惠下及兆人也宜早訖竟以止逮捕之煩逮及也辭所連及即追捕之也帝迺納之罪止坐者六年秋商病篤勑子冀等曰吾以不德享受多福生無以補益朝廷死必耗費帑藏衣衾飯唅玉匣珠貝之屬何益朽骨唅曰實也白虎通曰大夫飯以玉唅以貝士飯以珠唅以貝也百僚勞擾紛華道路祇增塵垢雖云禮制

亦有權時權時謂不依禮也方今邊境不寧盜賊未息豈宜重爲國損氣絕之後載至冢舍卽時殯斂斂以時服皆以故衣無更裁制殯已開冢冢開卽葬祭食如存無用三牲孝子善述父志不宜違我言也禮記曰孝子善述父之志善成人之事及薨帝親臨喪諸子欲從其誨朝廷不聽賜以東園朱壽之器銀鏤黃腸玉匣什物二十八種壽器棺也以朱飾之以銀鏤之前書音義曰以柏木黃心爲椁曰黃腸也錢二百萬布三千匹皇后錢五百萬布萬匹及葬贈輕車介士輕車兵車也介士甲士也賜謚忠侯中宮親送帝幸宣陽亭每城門皆有亭卽宣陽門之亭也瞻望車騎東觀記云初帝作誄曰孰云忠侯不聞其音昔去國家都茲玄陰幽居冥冥靡所宜窮也子冀嗣

冀字伯卓爲人鳶肩豺目鳶鴟也鴟肩上竦也豺目目豎也洞精矘眄洞通也矘音它蕩反說文目睛直視口吟舌言謂語吃不能明了裁能書計少爲貴戚逸遊自恣性嗜酒能挽滿彈棊挽滿猶引強也藝經曰彈棊兩人對局白黑棊各六枚先列棊相當更先彈也其局以石爲之格五前書吾丘壽王善格五音義云簺也音蘇代反說文曰簺行棊相塞謂之簺鮑宏簺經曰簺有四采塞白乘五是也至五卽格不得行故謂之格五六博楚詞曰琨蔽象棊有六博王逸注云投六箸行六棊故云六博鮑宏博經曰用十二棊六棊白六棊黑所

擲頭謂之㻏㻏有五采刻爲一畫者謂之塞刻爲兩畫者謂之白刻爲三畫者謂之黑一邊不刻者五塞之間謂之五塞蹴鞠劉向別錄曰蹴鞠者傳言黃帝所作或曰起戰國之時蹴鞠兵埶也所㠯講武知有材也意錢之戲何承天纂文曰詭億一曰射意一曰射數即攤錢也又好臂鷹走狗騁馬鬬雞

初爲黃門侍郎轉侍中虎賁中郎將越騎步兵校尉執金吾永和元年拜河南尹冀居職暴恣多非法父商所親客洛陽令吕放頗與商言及冀之短商㠯讓冀冀即遣人於道刺殺放而恐商知之迺推疑於放之怨仇請㠯放弟禹爲洛陽令安慰放家欲㠯滅口使捕之盡滅其宗親賓客百餘人商薨未及葬順帝迺拜冀爲大將軍弟侍中不疑爲河南尹及帝崩沖帝始在繈緥太后臨朝詔冀與太傅趙峻太尉李固參錄尚書事冀雖辭不肯當而侈暴滋甚沖帝又崩冀立質帝帝少而聰慧知冀驕橫嘗朝羣臣目冀曰此跋扈將軍也跋扈猶彊梁也冀聞深惡之遂令左右進鴆加煑餅帝即日崩復立桓帝而枉害李固及前太尉杜喬海內嗟懼語在李固傳建和元年益

封冀萬三千戶，增大將軍府舉高第茂才，官屬倍於三公。漢官儀三公府有長史一人司徒府掾屬三十一人令史及御屬三十六人也又封不疑為潁陽侯，不疑弟蒙西平侯，冀子胤襄邑侯，各萬戶。和平元年，重增封冀萬戶，并前所襲合三萬戶。弘農人宰宣素性佞邪，欲取媚於冀，迺上言大將軍有周公之功，今既封諸子，則其妻宜為邑君，詔遂封冀妻孫壽為襄城君，兼食陽翟租，歲入五千萬，加賜赤紱，比長公主。長公主儀服同藩王解見皇后紀壽色美而善為妖態，作愁眉，啼妝，墮馬髻，折腰步，齲齒笑，風俗通曰愁眉者細而曲折啼妝者薄拭目下若啼處墮馬髻者側在一邊折腰步者足不任體齲齒笑者若齒痛不忻忻始自冀家所為京師翕然皆倣效之齲音丘禹反以為媚惑。冀亦改易輿服之制，作平上軿車，鄭玄注周禮云軿猶屏也所用自蔽隱也蒼頡篇云衣車也形制上平異於常也埤幘，狹冠，埤下也音頻彌反一音皮彼反折上巾，蓋折其巾之上角也擁身扇，大扇也狐尾單衣。後裾曳地如狐尾也壽性鉗忌，鉗鉆也言性忌害如鉗之鉆物也鉆音女輒反能制御冀，冀甚寵憚之。初，父商獻美人友通期於順帝，友姓也東觀記作支通期有微過，帝以歸商，商不敢留而出嫁之。冀即遣客盜還通期會商藂冀行服於城西私與之居壽伺冀出多從蒼頭篡取通期歸截髮刮面笞掠之欲上書告其事冀大恐頓首請於壽母壽亦不得已而止冀猶復與私通生子伯玉匿不敢出壽尋知之使子胤誅滅友氏冀慮壽害伯玉常置複壁中冀愛監奴秦宮官至太倉令得出入壽所壽見宮輒屏御者託以言事因與私焉宮內外兼寵威權大震刺史二千石皆謁辭之冀用壽言多斥奪諸梁在位者外以謙讓而實崇孫氏宗親冒名而爲侍中卿校尉郡守長吏者十餘人皆貪叨凶淫各遣私客籍屬縣富人被以它罪籍謂疏錄之也閉獄掠拷使出錢自贖貲物少者至於死徙扶風人士孫奮居富而性吝冀因以馬乘遺之摯虞三輔決錄注曰士孫奮字景卿少爲郡五官掾起家得錢貲至一億七千萬富聞京師也從貸錢五千萬奮以三千萬與之冀大怒迺告郡縣認奮母爲其守臧婢云盜白珠十斛紫金千斤以叛遂收拷奮兄弟死于獄中悉沒

貲財億七千餘萬其四方調發歲時貢獻皆先輸上第於冀（上第第一也）乘輿迺其次焉吏人齎貨求官請罪者道路相望冀又遣客出塞交通外國廣求異物因行道路發取妓女御者而使人復乘埶橫暴妻略婦女毆擊吏卒所在怨毒冀迺大起第舍而壽亦對街爲宅殫極土木互相誇競堂寢皆有陰陽奧室（奧深室也）連房洞戶（洞通也謂相當也）柱壁雕鏤加㠯銅漆窗牖皆有綺疎青瑣（牖小窗也綺疎謂鏤爲綺文青瑣謂刻爲瑣文而㠯青飾之也）圖㠯雲氣仙靈臺閣周通更相臨望飛梁石磴陵跨水道（架虛爲橋若飛也）金玉珠璣異方珍怪充積臧室遠致汗血名馬又廣開園囿採土築山十里九坂㠯象二崤（二崤山在今洛州永寧縣西北）深林絕澗有若自然奇禽馴獸飛走其間冀壽共乘輦車張羽蓋飾㠯金銀遊觀第內多從倡妓鳴鐘吹管酣謳竟路或連繼日夜㠯騁娛恣客到門不得通皆請謝門者門者累千金又多拓林苑禁同王家西至弘農東界滎陽

南極魯陽北達河淇包含山藪遠帶丘荒周旋封域殆將千里又
起菟苑於河南城西經亙數十里發屬縣卒徒繕修樓觀數年迺
成移檄所在調發生菟刻其毛㠯爲識人有犯者罪至刑死嘗有
西域賈胡不知禁忌誤殺一菟轉相告言坐死者十餘人冀二弟
嘗私遣人出獵上黨冀聞而捕其賓客一時殺三十餘人無生還
者冀又起別第於城西㠯納姦亡或取良人悉爲奴婢至數千人
名曰自賣人元嘉元年帝㠯冀有援立之功欲崇殊典迺大會公
卿共議其禮於是有司奏冀入朝不趨劒履上殿謁贊不名禮儀
比蕭何（事見王莽傳也）悉㠯定陶陽成餘戶增封爲四縣比鄧禹（冀初封襄邑襲封乘氏更以定
陶陽成是四縣）賞賜金錢奴婢綵帛車馬衣服甲第比霍光㠯殊元勳每朝
會與三公絕席（絕席別也）十日一入平尚書事（謂平議也）宣布天下爲萬世法冀
猶㠯所奏禮薄意不悅專擅威柄凶恣日積機事大小莫不諮決

之宮衞近侍竝所親樹（樹置也）禁省起居纖微必知百官遷召皆先到冀門牋檄謝恩然後敢詣尚書下邳人吳樹爲宛令之官辭冀冀賓客布在縣界以情託樹樹對曰小人姦蠹比屋可誅明將軍以椒房之重處上將之位宜崇賢善以補朝闕宛爲大都士之淵藪自侍坐以來未聞稱一長者而多託非人誠非敢聞冀默然不悅樹到縣遂誅殺冀客爲人害者數十人由是深怨之樹後爲荆州刺史臨去辭冀冀爲設酒因鴆之樹出死車上又遼東太守侯猛初拜不謁冀託以他事迺腰斬之時郎中汝南袁著年十九見冀凶縱不勝其憤迺詣闕上書曰臣聞仲尼歎鳳鳥不至河不出圖自傷卑賤不能致也今陛下居得致之位又有能致之資（此董仲舒對策之詞著引而略之也）而和氣未應賢愚失序者埶分權臣上下壅隔之故也夫四時之運功成則退（易繫辭曰寒往則暑來暑往則寒來寒暑相推而歲成焉老子曰功成名遂身退天之道也）高爵厚寵鮮不

致災令大將軍位極功成可爲至戒宜遵懸車之禮高枕頤神薛廣德爲御史大夫乞骸骨賜安車四馬懸其安車傳子孫欲令冀遵致仕之禮也傳曰木實繁者披枝害心若不抑損權盛將無以全其身矣左右聞臣言將側目切齒臣特以童蒙見拔故敢忘忌諱昔舜禹相戒無若丹朱尚書禹謂帝舜曰無若丹朱傲惟慢遊是好周公戒成王無如殷王紂尚書周公戒成王曰無若殷王受之迷亂酗于酒德哉願除誹謗之罪以開天下之口書得奏御冀聞而密遣掩捕著著迺變易姓名後託病僞死結蒲爲人市棺殯送冀廉問知其詐廉察也陰求得著殺之隱蔽其事學生桂陽劉常當世名儒素善於著冀召補令史以辱之時太原郝絜胡武皆危言高論危亦高謂峻也與著友善先是絜等連名奏記三府薦海內高士而不詣冀冀追怒之又疑爲著黨勑中都官移檄捕前奏記者竝殺之遂誅武家死者六十餘人絜初逃亡知不得免因輿櫬奏書冀門書入仰藥而死家迺得全及冀誅有詔以禮祀著等

冀諸忍忌皆此類也不疑好經書善待士冀陰疾之因中常侍白
帝轉爲光祿勳又諷衆人共薦其子胤爲河南尹胤一名胡狗時
年十六容貌甚陋不勝冠帶道路見者莫不嗤笑焉不疑自恥兄
弟有隙遂讓位歸第與弟蒙閉門自守冀不欲令與賓客交通陰
使人變服至門記往來者南郡太守馬融江夏太守田明初除過
謁不疑冀諷州郡以它事陷之皆髡笞徙朔方融自刺不殊明遂
死於路永興二年封不疑子馬爲頴陰侯胤子桃爲城父侯冀一
門前後七封侯三皇后六貴人二大將軍夫人女食邑稱君者七
人尚公主三人其餘卿將尹校五十七人在位二十餘年窮極滿
盛威行內外百寮側目莫敢違命天子恭己而不得有所親豫帝
旣不平之延熹二年太史令陳授因小黃門徐璜陳災異日食之
變咎在大將軍冀聞之諷洛陽令收考授死於獄帝由此發怒初

掖庭人鄧香妻宣生女猛（香盖掖庭署人之名）香卒宣更適梁紀梁紀者冀妻壽之舅也壽引進猛入掖庭見幸爲貴人冀因欲認猛爲其女以自固迺易猛姓爲梁時猛姊壻邴尊爲議郎冀恐尊沮敗宣意（沮壞也恐尊壞敗宣意不從其改梁姓也）迺結刺客於偃城刺殺尊而又欲殺宣宣家在延熹里與中常侍袁赦相比（相鄰比也）冀使刺客登赦屋欲入宣家赦覺之鳴鼓會衆以告宣宣馳入以白帝帝大怒遂與中常侍單超具瑗唐衡左悺徐璜等五人成謀誅冀語在宦者傳冀心疑超等迺使中黃門張惲入省宿以防其變具瑗勑吏收惲以輒從外入欲圖不軌帝因是御前殿召諸尚書入發其事使尚書令尹勳持節勒丞郎以下皆操兵守省閤斂諸符節送省中使黃門令具瑗將左右廄騶（騶騎士也）虎賁羽林都候劍戟士（續漢志曰左右都候各一人秩六百石主劍戟士徼循宮中及天子有所收考也）合千餘人與司隸校尉張彪共圍冀第使光祿勳袁盱（盱音吁）持節收冀大

將軍印綬徙封比景都鄉侯冀及妻壽即日皆自殺悉收子河南尹胤叔父屯騎校尉讓及親從衛尉淑越騎校尉忠長水校尉戟等諸梁及孫氏中外宗親送詔獄無長少皆棄市不疑蒙先卒其它所連及公卿列校刺史二千石死者數十人故吏賓客免黜者三百餘人朝廷爲空唯尹勳袁盱及廷尉邯鄲義在焉是時事卒從中發卒音七訥反使者交馳公卿失其度官府市里鼎沸數日迺定百姓莫不稱慶收冀財貨縣官斥賣合三十餘萬萬㠯充王府用減天下稅租之半散其苑囿㠯業窮民錄誅冀功者封尙書令尹勳㠯下數十人

論曰順帝之世梁商稱爲賢輔豈㠯其地居亢滿而能㠯愿謹自終者乎亢上極之名也愿慤也夫宰相運動樞極感會天人樞謂斗樞也極北極也中於道則易㠯興政乖於務則難乎御物商協回天之埶屬彫弱之期而匡朝

卹患未聞上術憔悴之音載謠八口雖輿粟盈門何救阻飢之戹阻難也書曰黎人阻飢也永言終制未解尸官之尤尸官猶尸祿終制謂薄葬也況迺傾側孽臣商遺冀不疑與曹節等爲交友也傳寵凶嗣㠯至破家傷國而豈徒然哉

贊曰河西佐漢統亦定算謂統初與竇融定計歸光武褒親幽憤升高累歎商恨善柔冀遂貪亂善柔失刑斷之道也

梁統列傳第二十四

張曹鄭列傳第二十五　　後漢書三十五

唐章懷太子賢注

張純字伯仁京兆杜陵人也高祖父安世宣帝時爲大司馬衞將軍封富平侯（臣賢案張安世昭帝元鳳六年以右將軍宿衞忠謹封富平侯今此言宣帝封誤也宣帝卽位但益封萬戶耳）父放爲成帝侍中純少襲爵士哀平間爲侍中王莽時至列卿遭値篡僞多亡爵土純以敦謹守約保全前封建武初先來詣闕故得復國五年拜太中大夫使將潁川突騎安集荆徐揚部督委輸（督促也委輸轉運也）監諸將營後又將兵屯田南陽遷五官中郎將有司奏列侯非宗室不宜復國光武曰張純宿衞十有餘年其勿廢更封武始侯食富平之半（武始縣屬魏郡富平縣屬平原郡也）純在朝歷世明習故事建武初舊章多闕每有疑議輒以訪純自郊廟婚冠喪紀禮儀多所正定帝甚重之以純兼虎賁中郎將數被引見一日或至數四（過三以至於四也）純以宗廟未定昭

穆失序十九年迺與太僕朱浮共奏言陛下興於匹庶蕩滌天下誅鉏暴亂興繼祖宗竊㠯經義所紀人事衆心雖實同創革而名爲中興宜奉先帝恭承祭祀者也元帝㠯來宗廟奉祠高皇帝爲受命祖孝文皇帝爲太宗孝武皇帝爲世宗皆如舊制又立親廟四世推南頓君㠯上盡於舂陵節侯南頓令欽即光武之父舂陵侯買光武高祖也禮爲人後者則爲之子既事大宗則降其私親大宗謂元帝也據代相承高祖至元帝八代光武即高帝九代孫㠯代數相推故繼體元帝故曰既事大宗下又云宣元皇帝尊爲祖父又曰自元帝㠯上祭于洛陽成帝㠯下祭于長安其義明矣降其私親謂舂陵㠯下不別序昭穆今禘祫高廟陳序昭穆而舂陵四世君臣並列㠯卑廁尊不合禮意設不遭王莽而國嗣無寄推求宗室㠯陛下繼統者安得復顧私親違禮制乎昔高帝㠯自受命不由太上宣帝㠯孫後祖不敢私親故爲父立廟獨羣臣侍祠臣愚謂宜除今親廟㠯則二帝舊典願下有司博采其議詔下公卿大司徒戴涉大司空竇融議宜㠯宣元成哀平五

帝四世代今親廟宣元皇帝尊爲祖父可親奉祠成帝㠯下有司行事別爲南頓君立皇考廟其祭上至舂陵節侯羣臣奉祠㠯明尊尊之敬親親之恩帝從之是時宗廟未備自元帝㠯上祭于洛陽高廟成帝㠯下祠于長安高廟其南頓四世隨所在而祭焉明年純代朱浮爲太僕二十三年代杜林爲大司空在位慕曹參之迹務於無爲選辟掾史皆知名大儒明年上穿陽渠引洛水爲漕上音時丈反陽渠在洛陽城南百姓得其利二十六年詔純曰禘祫之祭不行已久矣三年不爲禮禮必壞三年不爲樂樂必崩宜據經典詳爲其制純奏曰禮三年一祫五年一禘春秋傳曰大祫者何合祭也毀廟及未毀廟之主皆登合食乎太祖五年而再殷周禮三年一祫五年一禘又公羊傳曰大祫者何合祭也合祭柰何毀廟主陳于太祖未毀主皆升合食于太祖五年而再殷祭注云殷盛也謂三年祫五年禘也漢舊制三年一祫毀廟主合食高廟存廟主未嘗合祭元始五年諸王公列侯廟會始爲禘祭臣賢按平

帝元始三年春祫祭明堂諸侯王列侯宗室助祭賜爵金帛今純及司馬彪書並云禘祭蓋禘祫俱是大祭名可通也又前十八年親幸長安亦行此禮續漢書曰十八年上幸長安詔太常行禘禮於高廟序昭穆父爲昭南向子爲穆北向也禮說三年一閏天氣小備五年再閏天氣大備故三年一祫五年一禘禘之爲言諦諦定昭穆尊卑之義也禘祭以夏四月夏者陽氣在上陰氣在下四月乾卦用事故言陽氣在上也故正尊卑之義也祫祭以冬十月冬者五穀成熟物備禮成故合聚飲食也斯典之廢於茲八年自十八年至此謂可如禮施行以時定議帝從之自是禘祫遂定時南單于及烏桓來降邊境無事百姓新去兵革歲仍有年家給人足仍頻也純以聖王之建辟雍所以崇尊禮義既富而教者也論語曰子適衞冉有僕子曰庶矣哉冉有曰既庶矣又何加焉曰富之既富矣又何加焉曰教之也迺案七經讖明堂圖讖驗也解見光武紀七經謂詩書禮樂易春秋及論語河間古辟雍記孝武太山明堂制度武帝時河間獻王德獻雅樂對三雍宮有其書記也又武帝封太山濟南人公玉帶上黃帝時明堂圖明堂中有一殿四面無壁以茅蓋水環宮垣爲複道上有樓也及平帝時議平帝時起明堂徵天下通一藝以上皆議于公車也欲具奏之未及上會博士桓榮上言

宜立辟雍明堂章下三公太常而純議同榮帝迺許之三十年純奏上宜封禪曰自古受命而帝治世之隆必有封禪以告成功焉禮記曰因名山升中于天鄭玄注曰謂巡行至于方嶽燔柴祭天告以諸侯之成功也樂動聲儀曰以雅治人風成於頌動聲儀樂緯篇名也有周之盛成康之間郊配封禪皆可見也書曰歲二月東巡狩至于岱宗柴則封禪之義也臣伏見陛下受中興之命平海內之亂修復祖宗撫存萬姓天下曠然咸蒙更生恩德雲行惠澤雨施易曰雲行雨施品物流行黎元安寧夷狄慕義詩云受天之祜四方來賀下武之詩也鄭玄注云言武王受此萬年之壽輔佐之臣亦宜蒙餘福也今攝提之歲蒼龍甲寅德在東宮爾雅曰太歲在寅曰攝提格建武二十年太歲在甲寅時歲德在東宮前書音義曰蒼龍太歲也宜及嘉時遵唐帝之典繼孝武之業以二月東巡狩封于岱宗明中興勒功勳復祖統報天神禪梁父祀地祇傳祚子孫萬世之基也中元元年帝迺東巡岱宗以純視御史大夫從視比也并上元封舊儀及刻石文武帝元封元年封禪儀令侍中皮弁搢紳射牛行事封廣丈二高九尺有玉牒書書祕其事皆

禁禪肅然天子親拜衣上黃江淮間一茅三脊爲神藉五色土雜封縱遠方奇獸飛禽之屬也三月薨謚曰節侯子奮嗣

奮字穉通父純臨終勑家丞曰司空無功於時猥蒙爵土身死之後勿議傳國（東觀記曰家丞名欽）奮兄根少被病光武詔奮嗣爵奮稱純遺勑固不肯受帝以奮違詔勑收下獄奮惶怖迺襲封永平四年隨例歸國奮少好學節儉行義常分損租奉（奉音扶用反）贍卹宗親雖至傾匱而施與不怠十年儋耳降附（儋耳郡武帝置故城即今儋州義倫縣也）奮來朝上壽引見宣平殿應對合旨顯宗異其才以爲侍祠侯（侍祠侯名臣子孫侍祠封侯解見鄧禹傳）建初元年拜左中郎將轉五官中郎將遷長水校尉七年爲將作大匠章和元年免永元元年復拜城門校尉四年遷長樂衛尉明年代桓郁爲太常六年代劉方爲司空時歲災旱祈雨不應迺上表曰比年不登人用飢匱今復久旱秋稼未立（立成也）陽氣垂盡歲月迫促夫國以民爲本民以穀爲命政之急務憂之重者也臣蒙恩尤深受職

過任夙夜憂懼章奏不能款心願對中常侍疏奏疏猶條錄也卽時引見復口陳時政之宜明日和帝召太尉司徒幸洛陽獄錄囚徒收洛陽令陳歆卽大雨三日奮在位淸白無它異績九年吕病罷在家上疏曰聖人所美政道至要本在禮樂五經同歸而禮樂之用尤急孔子曰安上治民莫善於禮移風易俗莫善於樂又曰揖讓而化天下者禮樂之謂也禮記樂記孔子之辭也先王之道禮樂可謂盛矣孔子謂子夏曰禮吕修外樂吕制內丘巳矣夫禮稽命徵之辭也宋均注云修外飾容貌也修內蕩滌心性也巳矣夫恨不制作禮樂也又曰禮樂不興則刑罰不中刑罰不中則民無所厝其手足臣吕爲漢當制作禮樂是吕先帝聖德數下詔書愍傷崩缺而衆儒不達議多駮異臣累世台輔奮七代祖湯武帝時爲御史大夫六代祖子儒宣帝時爲衞將軍領尙書父純光武時爲司空而大典未定私竊惟憂不忘寢食臣犬馬齒盡誠冀先死見禮樂之定先死謂未死之前也十三年更召拜太常復上疏曰漢當改作禮樂圖書著明

見曹褒傳 王者化定制禮功成作樂 禮記樂記之文功成化定同耳功謂王業化謂教人也 謹條禮樂異議三事願下有司以時考定昔者孝武皇帝光武皇帝封禪告成而禮樂不定事不相副先帝已詔曹褒 章帝初曹褒於東觀次序禮事依準舊典凡百五十篇奏之也 今陛下但奉而成之猶周公斟酌文武之道非自爲制誠無所疑 周公制禮皆斟酌文武之美德爲之等制不自述也今先帝已詔曹褒非陛下出意何所疑而不爲也詩頌曰於乎不顯文王之德之純假以溢我我其收之駿惠我文王又曰執競武王無競維烈也 久執謙謙令大漢之業不以時成非所以章顯祖宗功德建太平之基爲後世法帝雖善之猶未施行其冬復以病罷明年卒於家子甫嗣官至津城門候 津城門洛陽南面西門也當洛水浮橋漢官儀曰候一人秩六百石也 甫卒子吉嗣永初三年吉卒無子國除自昭帝封安世至吉傳國八世 張安世字子孺昭帝時爲右將軍始封富平侯卒子延壽嗣卒子勃嗣卒子臨嗣卒子放嗣卒子純嗣建武初改封武始侯卒子奮嗣卒子甫嗣卒子吉嗣無子國除此言八代者除安世始封也 經歷篡亂二百年間 篡亂謂王莽也張子孺昭帝元鳳六年封至永初三年合一百八十二年故曰間也 未嘗譴黜封者莫與爲比

曹褒字叔通魯國薛人也父充持慶氏禮 前書沛人慶普字孝公爲東平大傅受禮於后倉號慶氏禮也 建

武中爲博士從巡狩岱宗定封禪禮還受詔議立七廟三雍大射養老禮儀（五帝及天地爲七廟三雍以下解見明帝紀）顯宗即位充上言漢再受命仍有封禪之事而禮樂崩闕不可爲後嗣法五帝不相沿樂三王不相襲禮（禮記正文也言損益不同）大漢當自制禮以示百世帝問制禮樂云何充對曰河圖括地象曰有漢世禮樂文雅出尚書琁璣鈐曰有帝漢出德洽作樂名予帝善之下詔曰今且改太樂官曰太予樂歌詩曲操以俟君子（操猶曲也劉向別錄曰君子因雅琴之適故從容以致思焉其道閉塞悲愁而作者名其曲曰操言遇災害不失其操也）拜充侍中作章句辯難於是遂有慶氏學襃少篤志有大度結髮傳充業博雅疏通尤好禮事常感朝廷制度未備慕叔孫通爲漢禮儀晝夜研精沈吟專思寢則懷抱筆札行則誦習文書當其念至忘所之適初舉孝廉再遷圉令（圉縣屬陳留故城在今汴州雍丘縣南也）以禮理人以德化俗時它郡盜徒五人來入圉界吏捕得之陳留太守馬嚴聞而疾惡風縣殺之襃勑

吏曰夫絕人命者天亦絕之皋陶不爲盜制死刑管仲遇盜而升諸公禮雜記云孔子曰管仲遇盜取二人焉上㠯爲公臣注云此人但居惡人之中使犯法耳今承旨而殺之是逆天心順府意也其罰重矣如得全此人命而身坐之吾所願也遂不爲殺嚴奏褒耎弱免官歸郡爲功曹徵拜博士會肅宗欲制定禮樂元和二年下詔曰河圖稱赤九會昌十世㠯光十一㠯興九謂光武十謂明帝十一謂章帝也尚書璇璣鈐曰述堯理世平制禮樂放唐之文緯本文云使帝王受命用吾道述堯理代平制禮放唐之文化洽作樂名斯在宋均注云述修也予末小子託于數終曷㠯纘興崇弘祖宗仁濟元元帝命驗曰順堯考德題期立象宋均注曰堯巡省于河洛得龜龍之圖書舜受禪後習堯禮得之演以爲考河命題五德之期立將起之象凡三篇在中候也且三五步驟優劣殊軌孝經鉤命決曰三皇步五帝驟三王馳宋均注云步謂德隆道備日月爲步時事彌順日月亦驟勤思不已日月乃馳是優劣也況予頑陋無㠯克堪雖欲從之末由也已每見圖書中心恧焉褒知帝旨欲有興作迺上疏曰昔者聖人受命而王莫不制禮作樂㠯著功德功成作樂化定制禮所㠯救世俗致禎祥

爲萬姓獲福於皇天者也今皇天降祉嘉瑞竝臻制作之符甚於言語（言明白也）宜定文制著成漢禮丕顯祖宗盛德之美章下太常太常巢堪以爲一世大典非褒所定不可作帝知群僚拘攣難與圖始（拘攣猶拘束也前書鄒陽曰能越拘攣之語也）朝廷禮憲宜時刊立明年復下詔曰朕以不德膺祖宗弘烈迺者鸞鳳仍集麟龍竝臻甘露宵降嘉穀滋生赤草之類紀於史官（赤草即朱草也大戴禮曰朱草日生一葉至十五日十六日日落一葉周而復始也）朕夙夜祗畏上無以彰於先功下無以克稱靈物漢遭秦餘禮壞樂崩且因循故事未可觀省有知其說者各盡所能褒省詔迺歎息謂諸生曰昔奚斯頌魯（韓詩曰新廟奕奕奚斯所作薛君傳云是詩公子奚斯所作也）考甫詠殷（正考甫孔子之先也作商頌十二篇）夫人臣依義顯君竭忠彰主行之美也當仁不讓吾何辭哉遂復上疏具陳禮樂之本制改之意拜褒侍中從駕南巡既還以事下三公未及奏詔召玄武司馬班固（玄武司馬主玄武門續漢志云宮掖門每門司馬一人秩比千石也）問改定禮制之宜固曰京

師諸儒多能說禮宜廣招集共議得失帝曰諺言作舍道傍三年不成會禮之家名為聚訟言相爭不定也互生疑異筆不得下昔堯作大章一夔足矣夔堯樂官也呂氏春秋曰魯哀公問于孔子曰樂正夔一足矣章和元年正月迺召襃詣嘉德門令小黃門持班固所上叔孫通漢儀十二篇敕襃曰此制散略多不合經散略猶疏略也今宜依禮條正使可施行於南宮東觀盡心集作襃既受命迺次序禮事依準舊典雜以五經讖記之文撰次天子至於庶人冠婚吉凶終始制度以為百五十篇寫以二尺四寸簡其年十二月奏上帝以衆論難一故但納之不復令有司平奏會帝崩和帝即位襃迺為作章句帝遂以新禮二篇冠擢襃監羽林左騎漢官儀曰羽林左騎秩六百石領羽林屬光祿勳也永元四年遷射聲校尉後太尉張酺尚書張敏等奏襃擅制漢禮破亂聖術宜加刑誅帝雖寢其奏而漢禮遂不行襃在射聲營舍有停棺不葬者百餘所襃親自履行問其意

故吏對曰此等多是建武㠯來絕無後者不得埋掩襃迺愴然爲買空地悉葬其無主者設祭㠯祀之遷城門校尉將作大匠時有疾疫襃巡行病徒爲致醫藥經理饘粥多蒙濟活七年出爲河內太守時春夏大旱糧穀湧貴襃到迺省吏并職退去姦殘澍雨數降其秋大熟百姓給足流宂皆還後坐上災害不實免有頃徵再遷復爲侍中襃博物識古爲儒者宗十四年卒官作通義十二篇演經雜論百二十篇又傳禮記四十九篇教授諸生千餘人慶氏學遂行於世

論曰漢初天下創定朝制無文叔孫通頗採經禮參酌秦法雖適物觀時有救崩敝然先王之容典蓋多闕矣容禮容也典法則也謂行禮威儀俯仰之容貌也文帝時魯徐生㠯容爲禮官孫襄亦善爲容容或作宏義亦通也是㠯賈誼仲舒王吉劉向之徒懷憤歎息所不能已也賈誼等㠯叔孫通禮制疎略並上書對策請更改作皆不從所以歎息也班固曰今大漢久曠大義此賈誼仲舒王吉劉向之徒所爲發憤而增歎也見前書資文

宣之遠圖明懿美而終莫或用資用也言用文帝宣帝美略遠猷而終不能用賈誼等言誼文帝時人王吉宣帝時人故知自燕而觀有不盡矣禮記曰孔子之喪有自燕來觀者舍於子夏氏子夏曰聖人之葬人與人之葬聖人也子何觀焉有不盡矣言未備也孝章永言前王明發興作明發謂發夕至明也詩曰明發不寐專命禮臣撰定國憲洋洋乎盛德之事焉洋洋美也而業絕天算議黜異端斯道竟復墜矣業絕天算謂章帝晏駕也議黜異端謂張酺等奏襃擅制禮遂不行也夫三王不相襲禮五帝不相沿樂所以咸莖異調中都殊絕咸咸池黃帝樂也莖六莖顓頊樂也見前書異調言古今不同也中都魯邑名也家語曰孔子爲中都宰制爲養生送死之節殊絕猶斷絕也言古樂不同舊禮亦絕也況物運遷回情數萬化制則不能隨其流變品度未足定其滋章言時代遷移繁省不定也斯固世主所當損益者也且樂非夔襄而新音代起律謝皐蘇而制令亟易夔舜樂官襄魯樂官也皐陶虞士官蘇忿生周武王之司寇也修補舊文獨何猜焉言刑樂數改而修禮則疑之禮云禮云曷其然哉歎其不能定也

鄭玄字康成北海高密人也八世祖崇哀帝時尚書僕射玄少爲鄉嗇夫前書曰鄉有嗇夫掌聽訟收賦稅也得休歸常詣學官不樂爲吏父數怒之不能

禁鄭玄別傳曰玄年十一二隨母還家正臘會同列十數人皆美服盛飾語言閑通玄獨漠然如不及母私督數之乃曰此非我志不在所願也遂造太學受業師事京兆第五元先始通京氏易公羊春秋三統歷九章算術三統歷劉歆所撰也九章算術周公作也凡有九篇方田一粟米二差分三少廣四均輸五方程六傍要七盈不足八鉤股九又從東郡張恭祖受周官禮記左氏春秋韓詩古文尚書以山東無足問者迺西入關因涿郡盧植事扶風馬融融門徒四百餘人升堂進者五十餘生融素驕貴玄在門下三年不得見迺使高業弟子傳受於玄玄日夜尋誦未嘗怠倦會融集諸生考論圖緯聞玄善算迺召見於樓上玄因從質諸疑義問畢辭歸融喟然謂門人曰鄭生今去吾道東矣前書曰田何受易于丁寬學成寬東歸何謂門人曰易東矣玄自遊學十餘年迺歸鄉里家貧客耕東萊學徒相隨已數百千人及黨事起迺與同郡孫嵩等四十餘人俱被禁錮嵩字賓碩見趙岐傳遂隱修經業杜門不出時任城何休好公羊學遂著公羊墨守言公羊義理深遠不可駁難如墨翟之守城也左氏膏肓說文曰肓隔也心下為膏喻左氏之疾不可為也穀梁

廢疾玄迺發墨守鍼膏肓起廢疾休見而歎曰康成入吾室操吾矛吕伐我乎初中興之後范升陳元李育賈逵之徒爭論古今學後馬融答北地太守劉瓌及玄答何休義據通深由是古學遂明靈帝末黨禁解大將軍何進聞而辟之州郡吕進權戚不敢違意遂迫脅玄不得已而詣之進爲設几杖禮待甚優玄不受朝服而吕幅巾見一宿逃去時年六十弟子河內趙商等自遠方至者數千後將軍袁隗表爲侍中吕父喪不行國相孔融深敬於玄屣履造門屣謂納履未正曳之而行言趨賢急也告高密縣爲玄特立一鄉曰昔齊置士鄉管仲相桓公制國爲二十一鄉工商鄉六士鄉十五吕居工商士也事見國語越有君子軍皆異賢之意也吳越相攻越王句踐乃中分其師爲左右軍吕其私卒君子六千人爲中軍注云君子王所親近有至行者見國語鄭君好學實懷明德昔太史公廷尉吳公謁者僕射鄧公皆漢之名臣又南山四皓有園公夏黃公潛光隱耀世嘉其高皆悉稱公吳公文帝時爲河南守鄧公景帝時爲謁者僕射太史公司馬談武帝時四皓高帝時也有園公夏黃公角里先生

綺里季也須眉皓白故言皓秦時隱于商雒南山㠯待天下之定漢興迎而致之也然則公者仁德之正號不必三事大夫也今鄭君鄉宜曰鄭公鄉昔東海于公僅有一節猶或戒鄉人侈其門閭一節謂決獄也昭帝時東海于公爲縣獄吏決獄平郡爲生立祠號曰于公祠先是于公閭門壞父老方共修之于公曰少高大其門令容駟馬車我決獄多陰德子孫必有興者也矧迺鄭公之德而無駟牡之路可廣開門衢令容高車號爲通德門董卓遷都長安公卿舉玄爲趙相道斷不至趙王乾之相也會黃巾寇青部迺避地徐州徐州牧陶謙接㠯師友之禮建安元年自徐州還高密道遇黃巾賊數萬人見玄皆拜相約不敢入縣境玄後嘗疾篤自慮㠯書戒子益恩曰吾家舊貧不爲父母羣弟所容去廝役之吏廝賤也游學周秦之都往來幽并兖豫之域獲覲乎在位通人處逸大儒得意者咸從捧手有所授焉處逸謂處士隱逸之大儒遂博稽六藝粗覽傳記時覩祕書緯術之奧年過四十迺歸供養假田播殖㠯娛朝夕遇閹尹擅埶坐黨禁錮十有四年而蒙赦令舉賢良方正

有道辟大將軍三司府公車再召比牒併名早爲宰相（比牒猶連牒也併名謂齊名也言連牒齊名被召者并爲宰相也併音步鼎反）惟彼數公懿德大雅克堪王臣故宜式序（式用也序列也）吾自忖度無任於此但念述先聖之元意思整百家之不齊亦庶幾以竭吾才故聞命罔從而黃巾爲害萍浮南北復歸邦鄉入此歲來已七十矣宿素衰落仍有失誤案之禮典便合傳家（傳家謂家事傳子孫也曲禮曰七十老而傳）今我告爾以老歸爾以事將閒居以安性覃思以終業自非拜國君之命問族親之憂展敬墳墓觀省野物胡嘗扶杖出門乎家事大小汝一承之咨爾煢煢一夫曾無同生相依其勗求君子之道研鑽勿替敬愼威儀以近有德（詩大雅民勞篇之言也）顯譽成於僚友德行立於己志若致聲稱亦有榮於所生可不深念邪可不深念邪吾雖無紱冕之緒頗有讓爵之高（謂頻被辟不就也）自樂以論贊之功庶不遺後人之羞末所憒憒者徒以亡親墳壟未成所好羣書率皆腐敝

不得於禮堂寫定傳與其人其人謂好學者也前書司馬遷曰僕誠已著此書傳之其人也日西方暮其可圖乎家今差多於昔勤力務時無恤飢寒菲飲食薄衣服節夫二者尚令吾寡恨若忽忘不識亦已焉哉時大將軍袁紹總兵冀州遣使要玄大會賓客玄最後至迺延升上坐身長八尺飲酒一斛秀眉明目容儀溫偉紹客多豪俊並有才說見玄儒者未以通人許之競設異端百家互起玄依方辯對咸出問表皆得所未聞莫不嗟服時汝南應劭亦歸於紹因自贊曰故太山太守應中遠北面稱弟子何如玄笑曰仲尼之門考以四科四科謂德行言語政事文學顏淵閔子騫及子游子夏並見論語也回賜之徒不稱官閥劭有慚色紹迺舉玄茂才表為左中郎將皆不就公車徵為大司農給安車一乘所過長吏送迎玄迺以病自乞還家五年春夢孔子告之曰起起今年歲在辰來年歲在巳北齊劉晝高才不遇傳論玄曰辰為龍巳為蛇歲至龍蛇賢人嗟玄以讖合之蓋謂此也既寤以讖合之知命當終有頃寢

疾時袁紹與曹操相拒於官度（官度津名也在今鄭州中牟縣北前書音義曰於滎陽下引河東南爲洪溝北通宋鄭淮泗卽今官度）令其子譚遣使逼玄隨軍不得已載病到元城縣疾篤不進其年六月卒年七十四遺令薄葬自郡守已下嘗受業者縗絰赴會千餘人門人相與撰玄答諸弟子問五經依論語作鄭志八篇凡玄所注周易尚書毛詩儀禮禮記論語孝經尚書大傳中候乾象歷又著天文七政論魯禮禘祫義六藝論毛詩譜駁許慎五經異義答臨孝存周禮難凡百餘萬言（案謝承書載玄所注與此略同不言注孝經唯此書獨有也）玄質於辭訓通人頗譏其繁至於經傳洽孰稱爲純儒齊魯間宗之其門人山陽郗慮至御史大夫東萊王基淸河崔琰著名於世又樂安國淵任嘏（慮字鴻豫基字伯輿魏征南將軍安樂鄉侯琰字季珪魏東西曹掾遷中尉淵字子尼魏司空掾遷太僕嘏字昭光魏黃門侍郎也）時並童幼玄稱淵爲國器嘏有道德其餘亦多所鑒拔皆如其言玄惟有一子益恩孔融在北海舉爲孝廉及融爲黃巾所圍益恩赴難隕身有

遺腹子玄以其手文似己名之曰小同魏氏春秋曰小同高貴鄉公時爲侍中嘗詣司馬文王文王有密疏未之屏也如廁還謂之曰卿見吾疏乎答曰不見文王曰寧我負卿無卿負我遂酖之

論曰自秦焚六經聖文埃滅埃塵也漢興諸儒頗修藝文及東京學者亦各名家而守文之徒滯固所稟稟受滯固猶固執也言學者各守所見而不疏通也異端紛紜互相詭激遂令經有數家家有數說章句多者或迺百餘萬言學徒勞而少功後生疑而莫正鄭玄括囊大典網羅眾家括結也易坤卦曰括囊无咎也刪裁繁誣刊改漏失自是學者略知所歸王父豫章君每考先儒經訓而長於玄王父祖父也爾雅曰父之父爲王父也范曄祖父甯字武子晉武帝時爲豫章太守經義每以玄爲長也常以爲仲尼之門不能過也及傳授生徒並專以鄭氏家法云言甯教授專崇鄭學也

贊曰富平之緒承家載世載重也易師卦曰大君有命開國承家也伯仁先歸釐我國祭釐理也言純釐理禘祫之祭也玄定義乖褒修禮缺孔書遂明漢章中輟孔書謂六經也輟止也中輟謂曹褒禮不行也

張曹鄭列傳第二十五

後漢書三十五

後漢書三十六

唐章懷太子賢注

鄭范陳賈張列傳第二十六

鄭興字少贛河南開封人也少學公羊春秋晚善左氏傳遂積精深思通達其旨同學者皆師之（東觀記曰興從博士金子嚴爲左氏春秋）天鳳中（王莽年也）將門人從劉歆講正大義（左氏義也）歆美興才使撰條例章句訓詁及校三統歷（說文曰訓詁古言也音古度反三統歷劉歆撰謂夏殷周歷也）更始立以司直李松行丞相事先入長安松以興爲長史令還奉迎遷都更始諸將皆山東人咸勸留洛陽興說更始曰陛下起自荊楚權政未施（更始起南陽南陽屬荊州故曰荊楚也）一朝建號而山西雄桀爭誅王莽開關郊迎者何也（山西謂陝山以西也）此天下同苦王氏虐政而思高祖之舊德也今久不撫之臣恐百姓離心盜賊復起矣春秋書齊小白入齊不稱侯未朝廟故也（小白齊桓公也春秋齊小白入于齊公羊傳曰曷爲以國氏當國也其言入何篡辭也）今議者欲先定赤眉而後入關是不識其本而爭其末恐

國家之守轉在函谷言若不早都關中有人先入則國家鎮守轉在函谷也雖臥洛陽庸得安枕乎庸用也更始曰朕西決矣拜興爲諫議大夫使安集關西及朔方涼益三州還拜涼州刺史會天水有反者攻殺郡守興坐免時赤眉入關東道不通興迺西歸隗囂虛心禮請而興恥爲之屈稱疾不起囂矜己自飾常以爲西伯復作西伯文王也作起也迺與諸將議自立爲王興聞而說囂曰春秋傳云口不道忠信之言爲嚚耳不聽五聲之和爲聾左傳富辰諫周襄王之辭間者諸將集會無迺不道忠信之言大將軍之聽無迺阿而不察乎昔文王承積德之緒加之以睿聖三分天下尚服事殷孔子曰三分天下有其二以服事殷及武王即位八百諸侯不謀同會皆曰紂可伐矣武王曰未知天命還兵待時史記曰武王觀兵孟津諸侯不期而會者八百皆曰紂可伐矣王曰汝未知天命乃還師後聞紂殺比干囚箕子乃告諸侯以伐之故曰待時也高祖征伐累年猶以沛公行師今令德雖明世無宗周之祚威略雖振未有高祖之功而欲舉未可之事昭速禍患

無迺不可乎惟將軍察之囂竟不稱王後遂廣置職位以自尊高興復止囂曰夫中郎將太中大夫使持節官皆王者之器非人臣所當制也孔子曰惟器與名不可以假人左傳杜預注曰器車服名爵號也不可以假人者亦不可以假於人也無益於實有損於名非尊上之意也囂病之而止病猶難也及囂遣子恂入侍將行興因恂求歸葬父母囂不聽而徙興舍益其秩禮興入見囂曰前遭赤眉之亂以將軍僚舊故敢歸身明德興嘗爲涼州刺史囂爲西州將軍故曰僚舊也幸蒙覆載之恩復得全其性命興聞事親之道生事之以禮死葬之以禮祭之以禮奉以周旋弗敢失墜周旋由遵奉也左傳季文子曰先大夫臧文仲敎行父事君之禮奉以周旋弗敢失墜也今爲父母未葬請乞骸骨若以增秩徙舍中更停留是以親爲餌由釣餌也無禮甚矣將軍焉用之囂曰囂將不足留故邪興曰將軍據七郡之地七郡天水隴西武威張掖酒泉敦煌金城擁羌胡之衆以戴本朝德莫厚焉威莫重焉居則爲專命之使入必爲鼎

足之臣興從俗者也不敢深居屏處因將軍求進不患不達因將軍求入何患不親此興之計不逆將軍者也興業爲父母請不可㠯已願留妻子獨歸葬將軍又何猜焉囂曰幸甚促爲辦裝遂令與妻子俱東時建武六年也侍御史杜林先與興同寓隴右迺薦之曰竊見河南鄭興執義堅固敦悅詩書左傳趙襄曰臣亟聞郤縠之言矣郤縠悅禮樂而敦詩書也好古博物見疑不惑有公孫僑觀射父之德左傳子產辨黃熊晉侯聞之曰博物君子也觀射父楚大夫也對昭王以重黎義和事見國語宜侍帷幄典職機密昔張仲在周燕翼宣王而詩人悅喜張仲周宣王時賢臣也燕樂也翼敬也詩小雅曰侯誰在矣張仲孝友惟陛下留聽少察㠯助萬分迺徵爲太中大夫明年三月晦日食興因上疏曰春秋㠯天反時爲災地反物爲妖人反德爲亂亂則妖災生左傳晉伯宗之辭天反時爲災謂寒暑易節也地反物爲妖謂羣物失性也往年㠯來讁咎連見意者執事頗有闕焉按春秋昭公十七年夏六月甲戌朔日有食之杜預注曰於周爲六月於夏爲四月純陽用事陰氣未動而侵陽也傳曰日過分而未至言過春分而未

及夏（至也）三辰有災（三辰日月星也）於是百官降物（降物素服）君不舉（不舉盛饌）避移時（避正寢過日食時也）樂用鼓（奏鼓伐鼓）祝用幣（用幣於社）史用辭（用辭以自責也此以上皆左傳載魯大夫答季平子之詞也）今孟夏純乾用事陰氣未作其災尤重夫國無善政則謫見日月變咎之來不可不慎其要在因人之心擇人處位也（左傳晉士文伯曰國無政不用善則自取謫於日月之災故政不可不慎也務三而已一曰擇人二曰因人三曰從時也）堯知鯀不可用而用之者屈己之明因人之心也齊桓反政而相管仲晉文歸國而任郤縠者是不私其私擇人處位也（史記曰桓公與兄子糾爭位糾使管仲將兵遮道射桓公鉤帶及桓公即位任政於管仲也又晉文公自秦歸國懷公故臣郤芮謀燒公宮殺文公宦者勃鞮告之後文公以郤縠為中軍帥縠即郤芮之族文公不以為仇而任焉言唯賢是用不私其私也）今公卿大夫多舉漁陽太守郭伋可大司空者而不以時定道路流言咸曰朝廷欲用功臣功臣用則人位謬矣願陛下上師唐虞下覽齊晉以成屈己從眾之德以濟羣臣讓善之功（濟成也）夫日月交會數應在朔而頃年日食每多在晦先時而合皆月行疾也日君象而月臣象君亢急則臣下促迫故行疾

後漢三十六　三

也今年正月繁霜自爾以來率多寒日正月夏之四月此亦急咎之罰書曰急恒寒若
天於賢聖之君猶慈父之於孝子也丁寧申戒欲其反政故災變
仍見此迺國之福也今陛下高明而羣臣惶促宜留思柔剋之政
垂意洪範之法剋能也柔剋謂和柔而能立事也尙書洪範曰高明柔剋博採廣謀納羣下之策書奏
多有所納帝嘗問興郊祀事曰吾欲以讖斷之何如興對曰臣不
爲讖帝怒曰卿之不爲讖非之邪興惶恐曰臣於書有所未學而
無所非也帝意迺解興數言政事依經守義文章溫雅然以不善
讖故不能任九年使監征南積弩營於津鄉征南將軍岑彭積弩將軍傅俊屯津鄉以拒公孫述津鄉在今荊州也
會征南將軍岑彭爲刺客所殺興領其營遂與大司馬吳漢俱
擊公孫述述死詔興留屯成都頃之侍御史舉奏興奉使私買奴
婢坐左轉蓮勺令蓮勺縣屬左馮翊故城在今同州下邽縣東北蓮音輦勺音酌是時喪亂之餘郡縣殘荒
興方欲築城郭修禮教以化之會以事免興好古學尤明左氏周

官長於曆數自杜林桓譚衞宏之屬莫不斟酌焉（斟酌謂取其意指也）世言左氏者多祖於興而賈逵自傳其父業故有鄭賈之學興去蓮勺後遂不復仕客授閿鄉（閿音聞古字也建安中改作聞）三公連辟不肯應卒於家子衆

衆字仲師年十二從父受左氏春秋精力於學明三統曆作春秋難記條例兼通易詩知名於世建武中皇太子及山陽王荊因虎賁中郎將梁松以縑帛聘請衆欲爲通義引籍出入殿中衆謂松曰太子儲君無外交之義漢有舊防藩王不宜私通賓客遂辭不受松復風衆以長者意不可逆衆曰犯禁觸罪不如守正而死太子及荊聞而奇之亦不強也及梁氏事敗（梁松坐縣飛書誹謗下獄死事見梁統傳也）賓客多坐之唯衆不染於辭永平初辟司空府以明經給事中再遷越騎司馬（漢官儀曰越騎司馬一人秩千石也）復留給事中是時北匈奴遣使求和親八年顯宗遣衆持節使匈奴衆至北庭虜欲令拜衆不爲屈單于大怒圍守

閉之不與水火欲脅服衆衆拔刀自誓單于恐而止迺更發使隨衆還京師朝議欲復遣使報之衆上疏諫曰臣伏聞北單于所以要致漢使者欲以離南單于之衆堅三十六國之心也武帝開通西域本三十六國又當揚漢和親誇示鄰敵令西域欲歸化者局促狐疑懷土之人絕望中國耳漢使既到便偃蹇自信信音申若復遣之虜必自謂得謀其羣臣駮議者不敢復言駮議謂勸單于歸漢如是南庭動搖烏桓有離心矣南單于久居漢地具知形埶萬分離析旋爲邊害今幸有度遼之衆揚威北垂雖勿報答不敢爲患明帝八年初置度遼將軍屯五原曼柏帝不從復遣衆衆因上言臣前奉使不爲匈奴拜單于恚恨故遣兵圍臣今復銜命必見陵折臣誠不忍持大漢節對氈裘獨拜如令匈奴遂能服臣將有損大漢之强帝不聽衆不得已既行在路連上書固爭之詔切責衆追還繫廷尉會赦歸家其後帝見匈奴來者問衆與單于

爭禮之狀皆言匈奴中傳衆意氣壯勇雖蘇武不過迺復召衆爲軍司馬使與虎賁中郎將馬廖擊車師至敦煌拜爲中郎將使護西域會匈奴脅車師圍戊已校尉衆發兵救之遷武威太守謹修邊備虜不敢犯遷左馮翊政有名迹建初六年代鄧彪爲大司農是時肅宗議復鹽鐵官衆諫以爲不可武帝時國用不足乃賣鹽鐵置官以主之昭帝罷之今議欲復之詔數切責至被奏劾衆執之不移帝不從在位以清正稱其後受詔作春秋刪十九篇八年卒官子安世亦傳家業爲長樂未央廄令續漢志曰廄令一人秩六百石延光中安帝廢太子爲濟陰王安世與太常桓焉太僕來歷等共正議諫爭及順帝立安世已卒追賜錢帛除子亮爲郎衆曾孫公業自有傳

范升字辯卿代郡人也少孤依外家居九歲通論語孝經及長習梁丘易老子教授後生宣帝時梁丘賀之易也王莽大司空王邑辟升爲議曹史

時莽頻發兵役徵賦繁興升迺奏記邑曰升聞子曰人不間於其父母爲孝臣曰下不非其君上爲忠論語孔子曰孝哉閔子騫人不間於其父母昆弟之言間非也言子騫之孝化其父母兄弟言人無非之者忠臣事君有過卽諫在下無有非君者是忠臣也今衆人咸稱朝聖皆曰公明蓋明者無不見聖者無不聞今天下之事昭昭於日月震震於雷霆而朝云不見公云不聞則元元焉所呼天公曰爲是而不言則過小矣知而從令則過大矣二者於公無可曰免宜乎天下歸怨於公矣朝曰遠者不服爲至念升曰近者不悅爲重憂今動與時戾事與道反馳騖覆車之轍探湯敗事之後賈誼曰前車覆後車誡論語曰見不善如探湯後出益可怪晚發愈可懼耳方春歲首而動發遠役藜藿不充田荒不耕穀價騰躍斛至數千吏人陷於湯火之中非國家之人也如此則胡貊守闕青徐之寇在於帷帳矣王莽時青徐二郡爲寇號青徐賊升有一言可曰解天下倒懸免元元之急不可書傳願蒙引見極陳所懷邑雖然其言而竟不

用升稱病乞身邑不聽令乘傳使上黨升遂與漢兵會因留不還
建武二年光武徵詣懷宮拜議郎遷博士上疏讓曰臣與博士梁
恭山陽太守呂羌俱修梁丘易二臣年竝耆艾經學深明而臣不
以時退與恭竝立深知羌學又不能達（達進也）慙負二老無顏於世誦
而不行知而不言不可開口以爲人師願推博士以避恭羌帝不
許然由是重之數詔引見每有大議輒見訪問時尚書令韓歆上
疏欲爲費氏易左氏春秋立博士（費直字長翁善易長於卦筮見前書）詔下其議四年正
月朝公卿大夫博士見於雲臺帝曰范博士可前平說升起對曰
左氏不祖孔子而出於丘明師徒相傳又無其人且非先帝所存
無因得立遂與韓歆及太中大夫許淑等互相辯難日中迺罷升
退而奏曰臣聞主不稽古無以承天臣不述舊無以奉君陛下愍
學微缺勞心經蓺情存博聞故異端競進近有司請置京氏易博

士羣下執事莫能據正京氏旣立費氏怨望左氏春秋復以比類亦希置立京費已行次復高氏沛人高相善易與費直同時見前書春秋之家又有騶夾前書曰騶氏無師夾氏未有其書也如令左氏費氏得置博士高氏騶夾五經奇異竝復求立各有所執乖戾分爭從之則失道不從則失人將恐陛下必有厭倦之聽孔子曰博學約之弗叛矣夫論語孔子之言弗叛言不違道也夫學而不約必叛道也顏淵曰博我以文約我以禮孔子可謂知教顏淵可謂善學矣老子曰學道日損損猶約也又曰絕學無憂絕末學也今費左二學無有本師而多反異先帝前世有疑於此故京氏雖立輒復見廢疑道不可由疑事不可行詩書之作其來已久孔子尚周流遊觀至於知命自衛反魯迺正雅頌孔子以魯哀公十一年自衛還魯是時道衰樂廢孔子來還迺正之故雅頌各得其所見史記今陛下草創天下紀綱未定雖設學官無有弟子詩書不講禮樂不修奏立左費非政急務孔子曰攻乎異端斯害也已

攻猶習也異端謂奇技也傳曰聞疑傳疑聞信傳信而堯舜之道存穀梁傳曰信以傳信疑以傳疑公羊傳曰君子曷爲春秋樂堯舜之道也願陛下疑先帝之所疑信先帝之所信㠯示反本明不專已天下之事所㠯異者㠯不一本也易曰天下之動貞夫一也易下繫之文也又曰正其本萬事理今易無此文也五經之本自孔子始謹奏左氏之失凡十四事時難者㠯太史公多引左氏升又上太史公違戾五經謬孔子言及左氏春秋不可錄三十一事詔㠯下博士後升爲出妻所告坐繫得出還鄉里永平中爲聊城令坐事免卒于家

陳元字長生蒼梧廣信人也廣信故城在今梧州蒼梧縣父欽習左氏春秋事黎陽賈護與劉歆同時而別自名家元父欽字子佚以左氏授王莽自名陳氏春秋故曰別也賈護字季君並見前書也王莽從欽受左氏學㠯欽爲猒難將軍猒一葉反元少傳父業爲之訓詁鋭精覃思至不與鄉里通㠯父任爲郎建武初元與桓譚杜林鄭興俱爲學者所宗時議欲立左氏傳博士范升奏㠯爲左氏淺末不宜

立元聞之迺詣闕上疏曰陛下撥亂反正文武竝用（撥理也語見公羊傳）深愍經埶謬雜眞僞錯亂每臨朝日輒延羣臣講論聖道知丘明至賢親受孔子而公羊穀梁傳聞於後世故詔立左氏博詢可否示不專己盡之羣下也今論者沈溺所習翫守舊聞固執虛言傳受之辭已非親見實事之道左氏孤學少與（與猶黨也）遂爲異家之所覆冒夫至音不合衆聽故伯牙絕絃（伯牙善鼓琴鍾子期善聽相與爲友子期死伯牙破琴絕絃不復鼓琴以時人莫之能聽也見呂覽）至寶不同衆好故卞和泣血（卞和得寶玉獻楚武王王示玉人曰石也刖其右足武王殁後復獻之文王復曰石也刖其左足至成王時卞和抱其璞於郊泣盡已血繼之王迺使玉尹攻之果得寶玉事見韓子也）仲尼聖德而不容於世（仲尼去魯斥齊逐乎宋衛困於陳蔡之閒見史記）況於竹帛餘文其爲雷同者所排固其宜也非陛下至明孰能察之臣元竊見博士范升等所議奏左氏春秋不可立及太史公違戾凡四十五事案升等所言前後相違皆斷截小文媟黷微辭以年數小差掇爲巨謬（媟狎也黷垢濁也掇拾也音丁括反）遺脫纖微指爲大尤抉瑕擿釁

扶音於決反掩其弘美所謂小辯破言小言破道者也大戴記小辯篇孔子曰小辯破言小言破義小義破道升等又曰先帝不以左氏爲經故不置博士後主所宜因襲臣愚以爲若先帝所行而後主必行者則盤庚不當遷于殷周公不當營洛邑盤庚都耿自耿遷于殷文王都酆武王都鎬周公輔成王營洛邑陛下不當都山東也往者孝武皇帝好公羊衞太子好穀梁有詔詔太子受公羊不得受穀梁孝宣皇帝在人間時聞衞太子好穀梁於是獨學之及卽位爲石渠論而穀梁氏興石渠閣以藏祕書在未央殿北宣帝甘露三年詔諸儒韋玄成梁丘賀等講論五經於石渠也至今與公羊竝存此先帝後帝各有所立不必其相因也孔子曰純儉吾從衆至於拜下則違之論語孔子曰麻冕禮也今也純儉吾從衆拜下禮也今拜乎上泰也雖違衆吾從下何晏注云麻冕緇布冠也古績麻三十升以爲之純絲也絲易成故從儉臣之與君行禮者下拜然後升時臣驕泰故於上拜今從下禮之恭也夫明者獨見不惑於朱紫聽者獨聞不謬於清濁故離朱不爲巧眩移目離朱黄帝時明目者也一號離婁愼子曰離朱之明察毫末於百步之外師曠不爲新聲易耳桓譚新論曰晉師曠善知音衞靈公將之晉宿於濮水之上夜聞新聲召師涓告之曰爲我聽寫之曰臣得之矣遂之晉晉平公饗之酒酣靈公曰有新

聲願奏之乃令師涓鼓琴未終師曠止之曰此亡國之聲也方今干戈少弭戎事略戢留思聖蓺眷顧儒雅採孔子下拜之義卒淵聖獨見之旨分明黑白建立左氏解釋先聖之積結洮汰學者之累惑洮汰猶洗濯也使基業垂於萬世後進無復狐疑則天下幸甚臣元愚鄙嘗傳師言如得以褐衣召見俯伏庭下褐織毛爲布貧者之服也誦孔氏之正道理丘明之宿冤若辭不合經事不稽古退就重誅雖死之日生之年也書奏下其議范升復與元相辯難凡十餘上帝卒立左氏學太常選博士四人元爲第一帝以元新忿爭酒用其次司隸從事李封於是諸儒以左氏之立論議讙譁自公卿以下數廷爭之會封病卒左氏復廢元以才高著名辟司空李通府時大司農江馮上言宜令司隸校尉督察三公事下三府元上疏曰臣聞師臣者帝賓臣者霸言以臣爲師以臣爲賓也故武王以太公爲師齊桓以夷吾爲仲父孔子曰百官總己聽於冢宰論語文也近則高帝

優相國之禮蕭何爲相國高帝賜劒履上殿入朝不趨太宗假宰輔之權太宗孝文也申屠嘉爲丞相坐府召太中大夫鄧通欲誅之孝文使持節召通令人謝嘉故曰假權也及亡新王莽遭漢中衰專操國柄以偷天下偷竊也況已自喻不信羣臣奪公輔之任損宰相之威以刺舉爲明徼訐爲直至迺陪僕告其君長子弟變其父兄王莽時開吏告其將奴婢告其主罔密法峻大臣無所措手足然不能禁董忠之謀身爲世戮董忠爲王莽大司馬其劉歆等謀誅莽事發覺死也故人君患在自驕不患驕臣失在自任不在任人是以文王有日昃之勞周公執吐握之恭尚書曰文王自朝至于日中昃不遑暇食史記曰伯禽封魯周公誡之曰我文王之子武王之弟成王之叔父亦不賤矣我一沐三握髮一飯三吐哺以待士猶恐失天下之賢人汝無以國驕人也不聞其崇刺舉務督察也方今四方尚擾天下未一百姓觀聽咸張耳目陛下宜修文武之聖典襲祖宗之遺德勞心下士屈節待賢誠不宜使有司察公輔之名帝從之宣下其議司察猶督察也李通罷元後復辟司徒歐陽歙府數陳當世便事郊廟之禮帝不能用以病去年老卒於家子堅卿有文章

賈逵字景伯扶風平陵人也九世祖誼文帝時爲梁王太傅爲文帝子梁王
揖之傅也曾祖父光爲常山太守宣帝時以吏二千石自洛陽徙焉父徽
從劉歆受左氏春秋兼習國語周官又受古文尚書於塗惲風俗通曰塗姓
塗山氏之後惲字子眞受尚書於胡常見前書學毛詩於謝曼卿作左氏條例二十一篇逵悉傳
父業弱冠能誦左氏傳及五經本文以大夏侯尚書教授雖爲古
學兼通五家穀梁之說五家謂尹更始劉向周慶丁姓王彥等皆爲穀梁見前書也自爲兒童常在太學
不通人閒事身長八尺二寸諸儒爲之語曰問事不休賈長頭性
愷悌多智思俶儻有大節愷樂也悌易也言有和樂簡易之德也俶儻卓異也尤明左氏傳國語爲
之解詁五十一篇左氏三十篇國語二十一篇也永平中上疏獻之顯宗重其書寫藏
祕館時有神雀集宮殿官府冠羽有五采色帝異之以問臨邑侯
劉復臨邑東郡縣也復齊武王伯升孫北海王興子復不能對薦逵博物多識帝迺召見逵問之
對曰昔武王終父之業鸑鷟在岐鸑鷟鳳之別名也周大夫內史過對周惠王曰周之興也鸑鷟鳴于岐山事見國語宣

帝威懷戎狄神雀仍集此胡降之徵也（仍頻也宣帝時神雀再見改爲年號後匈奴降服呼韓入朝也）帝勑蘭臺給筆札使作神雀頌拜爲郎與班固竝校祕書應對左右肅宗立降意儒術特好古文尚書左氏傳建初元年詔逵入講北宮白虎觀南宮雲臺帝善逵說使出左氏傳大義長於二傳者逵於是具條奏之曰臣謹擿出左氏三十事尤著明者斯皆君臣之正義父子之紀綱其餘同公羊者什有七八或文簡小異無害大體至如祭仲紀季伍子胥叔術之屬左氏義深於君父公羊多任於權變（左傳宋人執鄭祭仲曰不立突將死祭仲許之遂出昭公而立厲公杜預注云祭仲之如宋非會非聘見誘被拘廢長立少故書名罪之公羊傳曰祭仲者何鄭之相也何以不名賢也何賢乎祭仲以爲知權也其知權奈何宋人執之謂之曰爲我出忽而立突祭仲不從其言則君必死國必亡從其言則君可以生易死國可以存易亡古之有權者祭仲之權是也左傳紀季以酅入于齊紀侯大去其國賈逵以爲紀季不能兄弟同心以存國乃背兄歸仇書以譏之公羊傳曰紀季者何紀侯之弟也何以不名賢也何賢乎服罪也其服罪奈何請後立廟以存姑姊妹左傳楚平王將殺伍奢召伍奢子伍尚伍員曰來吾免而父尚謂員曰聞免父之命不可以莫之奔親戚爲戮不可以莫之報父不可棄名不可廢子胥奔吳遂以吳師入郢卒復父仇公羊傳曰父受誅子復仇推刃之道也公羊不許子胥復仇是不深父也左傳曰冬邾黑肱以濫來奔賤而書名重地故也君子曰名之不可不慎以地叛雖賤必書地以名其人終爲不義不可滅已是

以君子動則思禮行則思義公羊傳冬黑肱以濫來奔又何以無邾婁通濫也曷爲通濫賢者子孫宜有地賢者孰謂謂叔術也何賢乎叔術讓國也其相殊絶固已甚遠而冤抑積久莫肯分明臣已永平中上言左氏與圖讖合者先帝不遺芻蕘省納臣言寫其傳詁藏之祕書建平中建平哀帝年也侍中劉歆欲立左氏不先暴論大義而輕移太常恃其義長詆挫諸儒諸儒內懷不服相與排之排擯卻也劉歆建立左氏哀帝令歆與諸儒講論其義諸博士不肯置對歆乃移書太常以責之故被排擯事見前書孝哀皇帝重逆衆心故出歆爲河內太守從是攻擊左氏遂爲重讎至光武皇帝奮獨見之明興立左氏穀梁會二家先師不曉圖讖故令中道而廢凡所已存先王之道者要在安上理民也今左氏崇君父卑臣子強幹弱枝勸善戒惡至明至切至直至順左傳曰翼戴天子加之以恭又曰君命天也天可仇乎委質策名貳乃辟也父教子貳何以事君又曰棄父之命惡用子矣以有無父之國則可是崇君父卑臣子也左氏王人雖微序在諸侯之上又曰五大不在邊五細不在庭末大必折尾大不掉是強幹弱枝也又曰盡而不汙懲惡而勸善非聖人誰能修之史記曰孔子曰我欲載之空言不如見之行事深切著明也且三代異物損益隨時故先帝博觀異家各有所採易有施孟復立梁丘

施讐孟喜梁丘賀也尚書歐陽復有大小夏侯歐陽和伯大夏侯勝小夏侯建也並見前書今三傳之異亦猶是也又五經家皆無以證圖讖明劉氏爲堯後者而左氏獨有明文春秋晉大夫蔡墨曰陶唐氏既衰其後有劉累學擾龍事孔甲范氏其後也范會自秦還晉其處者爲劉氏明漢承堯後也五經家皆言顓頊代黃帝而堯不得爲火德史記曰黃帝崩其孫昌意之子立是爲帝顓頊當時五經家同爲此說若以顓頊代黃帝農師以土德王即顓頊當爲金德高辛爲水德堯爲木德漢承堯後自然不得爲火德也左氏以爲少昊代黃帝即圖讖所謂帝宣也左氏傳曰黃帝氏以雲紀少昊氏以鳥紀是以少昊代黃帝也河圖曰大星如虹下流華渚女節意感生白帝朱宣宋均注曰朱宣少昊氏也如令堯不得爲火則漢不得爲赤其所發明補益實多陛下通天然之明建大聖之本改元正歷垂萬世則改元謂改建初九年爲元和元年正歷謂元和二年始用四分歷也是以麟鳳百數嘉瑞雜遝雜遝言多也章帝時鳳皇見百三十九麒麟五十二白虎二十九黃龍三十四神雀白燕等史官不可勝紀見東觀記猶朝夕恪勤游情六藝研機綜微靡不審覈覈實也若復留意廢學以廣聖見庶幾無所遺失矣廢學謂左氏傳也書奏帝嘉之賜布五百匹衣一襲令逵自選公羊嚴顏諸生高才者二十人教以左氏公羊高作春秋傳號曰公羊春秋嚴彭祖顏安樂俱受公羊春秋故公羊有嚴

後漢三十六

(顏之學見前書也)與簡紙經傳各一通(竹簡及紙也)逵母常有疾帝欲加賜以校書例多特以錢二十萬使潁陽侯馬防與之謂防曰賈逵母病此子無人事於外(無人事謂不廣交通也)屢空則從孤竹之子於首陽山矣(屢數也空乏也史記曰伯夷叔齊孤竹君之子也隱於首陽山卒餓死也)逵數為帝言古文尚書與經傳爾雅詁訓相應詔令撰歐陽大小夏侯尚書古文同異逵集為三卷帝善之復令撰齊魯韓詩與毛氏異同并作周官解故(轅固齊人也為齊詩申公魯人也為魯詩韓嬰為韓詩毛萇為毛詩故謂齊魯韓詩也)遷逵為衛士令(北宮衛士令一人掌南北宮秩比六百石見續漢志也)八年迺詔諸儒各選高才生受左氏穀梁春秋古文尚書毛詩由是四經遂行於世皆拜逵所選弟子及門生為千乘王國郎(千乘王伉章帝子也)朝夕受業黃門署學者皆欣欣羨慕焉和帝即位永元三年以逵為左中郎將八年復為侍中領騎都尉內備帷幄兼領祕書近署甚見信用逵薦東萊司馬均陳國汝郁帝即徵之並蒙優禮均字少賓安貧好學隱居教授不

應辟命信誠行乎州里鄉人有所計爭輒令祝少賓祝詛也東觀記曰爭曲直者輒言敢祝少賓乎心不直者終不敢祝也不直者終無敢言位至侍中㠯老病乞身帝賜㠯大夫祿歸鄉里郁字叔異性仁孝東觀記曰郁年五歲母病不能食郁常抱持啼哭亦不食母憐之彊爲飯宗親共異之因字曰異也及親歿遂隱處山澤後累遷爲魯相㠯德教化百姓稱之流人歸者八九千戶逵所著經傳義詁及論難百餘萬言又作詩頌誄書連珠酒令凡九篇學者宗之後世稱爲通儒應劭風俗通義曰授先王之制立當時之事綱紀國體原本要化此通儒也然不修小節當世㠯此頗譏焉故不至大官永元十三年卒時年七十二朝廷愍惜除兩子爲太子舍人

論曰鄭賈之學行乎數百年中遂爲諸儒宗亦徒有㠯焉爾言賈鄭雖爲儒宗而不爲帝所重故曰亦徒有㠯焉爾桓譚㠯不善讖流亡鄭興㠯遜辭僅免賈逵能附會文致最差貴顯賈逵附會文致謂引左氏明漢爲堯後也世主㠯此論學悲矣哉言時主不重經而重讖也

張霸字伯饒蜀郡成都人也年數歲而知孝讓雖出入飲食自然

合禮鄉人號爲張曾子七歲通春秋復欲進餘經父母曰汝小未能也霸曰我饒爲之故字曰饒焉饒猶益也後就長水校尉樊鯈受嚴氏公羊春秋遂博覽五經諸生孫林劉固段著等慕之各市宅其傍㠯就學焉舉孝廉光祿主事稍遷光祿勳之主事也見漢官儀永元中爲會稽太守表用郡人處士顧奉公孫松等奉後爲潁川太守松爲司隸校尉竝有名稱其餘有業行者皆見擢用郡中爭厲志節習經者㠯千數道路但聞誦聲初霸㠯樊鯈删嚴氏春秋猶多繁辭迺減定爲二十萬言更名張氏學霸始到越賊未解郡界不寧迺移書開購明用信賞賊遂束手歸附不煩士卒之力童謠曰棄我戟捐我矛盜賊盡吏皆休視事三年謂掾史曰太守起自孤生致位郡守蓋日中則移月滿則虧史記蔡澤之辭也易豐卦曰日中則昃月盈則食也老氏有言知足不辱遂上病後徵四遷爲侍中時皇后兄虎賁中郎將鄧騭當朝貴盛聞霸

名行欲與爲交霸逡巡不答衆人笑其不識時務後當爲五更會疾卒年七十遺勑諸子曰昔延州使齊子死嬴博因坎路側遂㠯葬焉（嬴博二縣名屬泰山郡禮記曰延陵季子適齊其長子死於嬴博之間因葬焉）今蜀道阻遠不宜歸塋可止此葬足臧髮齒而已務遵速朽副我本心人生一世但當畏敬於人若不善加己直爲受之諸子承命葬於河南梁縣因遂家焉將作大匠翟酺等與諸門人追錄本行謚曰憲文中子楷

楷字公超通嚴氏春秋古文尚書門徒常百人賓客慕之自父黨夙儒偕造門焉車馬填街徒從無所止黃門及貴戚之家皆起舍巷次㠯候過客往來之利楷疾其如此輒徙避之家貧無㠯爲業常乘驢車至縣賣藥足給食者輒還鄉里司隸舉茂才除長陵令不至官隱居弘農山中學者隨之所居成市後華陰山南遂有公超市五府連辟舉賢良方正不就（五府太傅太尉司徒司空大將軍也）漢安元年順帝特

下詔告河南尹曰故長陵令張楷行慕原憲操擬夷齊原憲魯人字子思孔子弟子清約守節貧而樂道輕貴樂賤竄跡幽藪高志確然獨拔羣俗前此徵命盤桓未至將主者翫習於常優賢不足使其難進歟郡時以禮發遣楷復告疾不到性好道術能作五里霧時關西人裴優亦能爲三里霧自以不如楷從學之楷避不肯見桓帝即位優遂行霧作賊事覺被考引楷言從學術楷坐繫廷尉詔獄積二年恒諷誦經籍作尚書注後以事無驗見原還家建和三年詔安車備禮聘之辭以篤疾不行年七十終于家子陵

陵字處沖官至尚書元嘉中歲首朝賀大將軍梁冀帶劍入省陵呵叱之令出勑羽林虎賁奪冀劍冀跪謝陵不應即劾奏冀請廷尉論罪有詔以一歲俸贖而百僚肅然初冀弟不疑爲河南尹舉陵孝廉不疑疾陵之奏冀因謂曰昔舉君適所以自罰也陵對曰

明府不㠯陵不肖誤見擢序今申公憲㠯報私恩不疑有愧色弟玄

玄字處虛沈深有才略㠯時亂不仕司空張溫數㠯禮辟不能致中平二年溫㠯車騎將軍出征涼州賊邊章等將行玄自田廬被褐帶索要說溫曰天下寇賊雲起豈不㠯黃門常侍無道故乎聞中貴人公卿㠯下當出祖道於平樂觀明公總天下威重握六師之要若於中坐酒酣鳴金鼓整行陣召軍正執有罪者誅之引兵還屯都亭㠯次翦除中官解天下之倒懸報海內之怨毒然後顯用隱逸忠正之士則邊章之徒宛轉股掌之上矣溫聞大震不能對良久謂玄曰處虛非不悅子之言顧吾不能行如何玄迺歎曰事行則爲福不行則爲賊今與公長辭矣卽仰藥欲飲之溫前執其手曰子忠於我我不能用是吾罪也子何爲當然且出口入耳

之言誰今知之左傳曰言出於余口入於爾耳玄遂去隱居魯陽山中山在今汝州南及董卓秉政聞之辟吕爲掾舉侍御史不就卓臨之吕兵不得已彊起至輪氏道病終輪氏縣屬潁川郡故城在今洛州洛陽縣城西南

贊曰中世儒門賈鄭名學衆馳一介爭禮氈幄一介單使也左傳曰君亦不使一介行李告於寡君氈幄謂匈奴也升元守經義偏情駁霸貴知止辭交戚里公超善術所舍成市

鄭范陳賈張列傳第二十六

後漢書三十六

桓榮丁鴻列傳第二十七

後漢書三十七

唐章懷太子賢注

桓榮字春卿沛郡龍亢人也續漢志曰榮本齊人遷于龍亢至榮六葉東觀記曰榮本齊桓公後也桓公作伯支庶用其謚立族命氏焉少學長安習歐陽尚書事博士九江朱普朱普字公文受業於平當爲博士徒衆尤盛見前書貧窶無資字林曰窶空也常客傭以自給精力不倦十五年不窺家園至王莽篡位迺歸會朱普卒榮奔喪九江負土成墳因留教授徒衆數百人莽敗天下亂榮抱其經書與弟子逃匿山谷雖常飢困而講論不輟後復客授江淮間建武十九年年六十餘始辟大司徒府時顯宗始立爲皇太子選求明經迺擢榮弟子豫章何湯爲虎賁中郎將以尚書授太子世祖從容問湯從音七容反本師爲誰湯對曰事沛國桓榮帝卽召榮令說尚書甚善之謝承書曰何湯字仲弓豫章南昌人也榮門徒常四百餘人湯爲高弟以才明知名榮年四十無子湯乃去榮妻爲更娶生三子榮甚重之後拜郎中守開陽門候上微行夜還湯閉門不納更從中東門入明旦召詣大官賜食諸門候皆奪俸建武十六年夏旱公卿皆暴露請雨洛陽令著

（車蓋出門湯將衛士鉤令車收案有詔免令官拜湯虎賁中郎將上嘗歎曰糾糾武夫公侯干城何湯之謂也湯以明經當授太子推薦榮榮拜五更封關內侯榮嘗言曰此皆何仲弓之力也）

拜爲議郎賜錢十萬入使授太子每朝會輒令榮於公卿前敷奏經書帝稱善曰得生幾晚會歐陽博士缺帝欲用榮榮叩頭讓曰臣經術淺薄不如同門生郎中彭閎揚州從事皐弘帝曰俞往汝諧（續漢書曰閎字作明俞然也然其所舉勑令往言汝能和諧此官謝承書曰皐弘字奉卿吳郡人也家代爲冠族少有英才與桓榮相善子嶽至司徒長史也）因拜榮爲博士引閎弘爲議郎車駕幸太學會諸博士論難於前榮被服儒衣溫恭有蘊藉（蘊藉猶言寬博有餘也蘊音於問反）辯明經義每以禮讓相厭不以辭長勝人儒者莫之及（厭服也音一葉反）特加賞賜又詔諸生雅吹擊磬盡日迺罷（吹管奏雅頌也）後榮入會庭中詔賜奇果受者皆懷之榮獨舉手捧之以拜帝笑指之曰此眞儒生也以是愈見敬厚常令止宿太子宮積五年榮薦門下生九江胡憲侍講迺聽得出旦一入而已榮嘗寢病太子朝夕遣中傅問病賜以珍羞帷帳奴婢謂曰如有不諱

無憂家室也不諱謂死也死者人之常故言不諱也後病愈復入侍講二十八年大會百官詔問誰可傅太子者羣臣承望上意皆言太子舅執金吾原鹿侯陰識可言可任也博士張佚正色曰今陛下立太子爲陰氏乎爲天下乎卽爲陰氏則陰侯可爲天下則固宜用天下之賢才帝稱善曰欲置傅者以輔太子也今博士不難正朕況太子乎卽拜佚爲太子太傅而以榮爲少傅賜以輜車乘馬榮大會諸生陳其車馬印綬曰今日所蒙稽古之力也可不勉哉榮以太子經學成畢上疏謝曰臣幸得侍帷幄執經連年而智學淺短無以補益萬分今皇太子以聰叡之姿通明經義觀覽古今儲君副主莫能專精博學若此者也斯誠國家福祐天下幸甚臣師道已盡皆在太子謹使掾臣汜再拜歸道續漢書曰三公東西曹掾四百石餘掾比二百石歸猶謝也太子報書曰莊以童蒙學道九載而典訓不明無所曉識夫五經廣大聖言幽遠非天下之至

精豈能與於此此上二句周易之繫辭與音預況已不才敢承誨命昔之先師謝弟子者有矣上則通達經旨分明章句前書丁寬受學於田何學成何謝寬寬東歸何謂門人曰易東矣是先師謝弟子下則去家慕鄉求謝師門韓詩外傳曰孔子行見皐魚哭孔子曰子非有喪何哭悲也皐魚曰吾少而好學周流諸侯以歿吾親樹欲靜而風不止子欲養而親不待往而不可追者年也去而不見者親也孔子曰弟子識之於是門人辭歸者十有三也今蒙下列不敢有辭願君慎疾加餐重愛玉體史記曰伏聞太后玉體不安君子於玉比德故以言也三十年拜爲太常榮初遭倉卒與族人桓元卿同飢戹而榮講誦不息元卿嗤榮曰但自苦氣力何時復施用乎榮笑不應及爲太常元卿歎曰我農家子豈意學之爲利迺若是哉東觀漢記曰榮爲太常元卿來候榮榮諸弟子謂曰平生笑盡氣力今何如元卿曰我安能知此哉顯宗即位尊以師禮甚見親重拜二子爲郎榮年踰八十自以衰老數上書乞身輒加賞賜乘輿嘗幸太常府令榮坐東南設几杖會百官驃騎將軍東平王蒼以下及榮門生數百人天子親自執業每言輒曰太師在是東觀記曰時執經生避位發難上謙曰太師在是也既罷悉以大官供具賜太常家其恩

禮若此永平二年三雍初成拜榮爲五更（三雍宮也謂明堂靈臺辟雍前書音義曰皆叶天人雍和之氣爲之故謂三雍五更解見明紀）每大射養老禮畢帝輒引榮及弟子升堂執經自爲下說（下說謂下語而講說之也）迺封榮爲關內侯食邑五千戶（東觀記曰榮以尚書授朕十有餘年詩云日就月將示我顯德行迺封之）榮每疾病帝輒遣使者存問太官大醫相望於道及篤上疏謝恩讓還爵士帝幸其家問起居入街下車擁經而前撫榮垂涕賜以牀茵帷帳刀劒衣被良久迺去自是諸侯將軍大夫問疾者不敢復乘車到門皆拜牀下榮卒帝親自變服臨喪送葬賜冢塋於首山之陽（首陽山在今偃師縣西北也）除兄子二人補四百石都講生八人補二百石其餘門徒多至公卿（華嶠書曰榮弟子丁鴻學最高）子郁嗣（華嶠書曰榮長子雍早卒少子郁嗣）

論曰張佚訐切陰侯以取高位危言犯衆義動明后知其直有餘也若夫一言納賞志士爲之懷恥（秦兵圍趙時魯仲連在趙因說令退兵平原君趙勝乃以千金爲仲連壽連笑曰所貴於天下之士者能排患解紛而無取也卽有取者是商賈之事而連不忍爲也遂去終身不復見見史記）受爵不讓風人所以興歌（詩小雅角弓篇）

曰受爵不讓至於已斯亡風人猶詩人也而佚廷議爭援自居全德佚諫云當用天下之賢才而乃自當其任故曰自居全德全德言無玷缺也莊子曰是謂全德意者吕廉不足乎昔樂羊食子有功見疑西巴放麑吕罪作傳並解見吳漢傳蓋推仁審僞本乎其情君人者能吕此察則眞邪幾於辨矣幾近也鉅依反

郁字仲恩少吕父任爲郎敦厚篤學傳父業吕尚書教授門徒常數百人榮卒郁當襲爵上書讓於兄子汎顯宗不許不得已受封悉吕租入與之帝吕郁先師子有禮讓甚見親厚常居中論經書問吕政事稍遷侍中東觀記曰永平十四年爲議郎遷侍中也帝自制五家要說章句令郁校定於宣明殿華嶠書曰帝自制五行章句此言五家卽謂五行之家也宣明殿在德陽殿後東觀記曰上謂郁曰卿經及先師致復文雅其冬上親於辟雍自講所制五行章句已復令郁說一篇上謂郁曰我爲孔子卿爲子夏起予者商也又問郁曰子幾人能傳學郁曰臣子皆未能傳學孤兄子一人學方起上曰努力教之有起者卽白之吕侍中監虎賁中郎將永平十五年入授皇太子經遷越騎校尉詔勑太子諸王各奉賀致禮郁數進忠言多見納錄東觀記曰皇太子賜郁鞍馬刀劒郁乃上疏皇太子

曰伏見太子體性自然包含今古謙謙允恭天下共見郁父子受恩無以明益夙夜惠懼誠思自竭愚以爲太子上當合聖心下當卓絕於衆宜思遠慮以光朝廷肅宗即位郁㠯母憂乞身詔聽㠯侍中行服華嶠書曰郁上書乞身天子憂之有詔公卿議議者皆以郁身爲名儒學者之宗可許之於是詔郁以侍中行服也建初二年遷屯騎校尉和帝即位富於春秋侍中竇憲自㠯外戚之重欲令少主頗涉經學上疏皇太后曰禮記云天下之命懸於天子天子之善成乎所習習與智長則切而不勸化與心成則中道若性昔成王幼小越在襁保周公在前史佚在後太公在左召公在右中立聽朝四聖維之是㠯慮無遺計舉無過事自禮記以下至此以上皆大戴禮之文也切而不勸謂習與智長則常自切厲而不須勸勑若性猶自然也襁絡也保小兒被也保當作褓古字通也史佚成王時史官名佚賢者也維持也遺失也孝昭皇帝八歲即位大臣輔政亦選名儒韋賢蔡義夏侯勝等入授於前平成聖德韋賢字長孺魯國鄒人治魯詩蔡義河內溫人也爲韓詩給事中也夏侯勝魯人也字長公治歐陽尚書並見前書近建初元年張酺魏應召訓亦講禁中酺等並自有傳臣伏惟皇帝陛下躬天然之資宜漸教學而獨對左右小臣未聞典義昔五更桓榮親爲帝師

子郁結髮敦尚，繼傳父業，故再以校尉入授先帝，父子給事禁省，更歷四世，今白首好禮，經行篤備。又宗正劉方，宗室之表，善爲詩經，先帝所褒。宜令郁、方並入教授，以崇本朝，光示大化。由是遷長樂少府，復入侍講。頃之，轉爲侍中奉車都尉。永元四年，代丁鴻爲太常。明年，病卒。郁教授二帝，恩寵甚篤，賞賜前後數百千萬，顯於當世。門人楊震、朱寵，皆至三公。鄧隲傳曰：朱寵字仲威，京兆人也。篤行好學，從桓榮授尚書，位至太尉。初，榮受朱普學章句四十萬言，浮辭繁長，多過其實。長音直亮反。及榮入授顯宗，減爲二十三萬言。郁復刪省定成十二萬言。由是有桓君大小太常章句。子普嗣，傳爵至曾孫。郁中子焉，能世傳其家學。華嶠書曰：郁六子：普、延、焉、俊、酆、良。普嗣侯，傳國至曾孫絕。酆、良子孫皆博學有才能。孫鸞，曾孫彬，並知名。

焉字叔元，少以父任爲郎。明經篤行，有名稱。永初元年，入授安帝，三遷爲侍中步兵校尉。永寧中，順帝立爲皇太子，以焉爲太子少傳月餘遷太傅㠯母憂自乞聽㠯大夫行喪踰年詔使者賜牛酒奪服即拜光祿大夫遷太常時廢皇太子爲濟陰王焉與太僕來歷廷尉張皓諫不能得事已具來歷傳順帝即位拜太傅與太尉朱寵並錄尚書事焉復入授經禁中因讌見建言宜引三公尚書入省事（省猶視也）帝從之㠯焉前廷議守正封陽平侯固讓不受視事三年坐辟召禁錮者爲吏免復拜光祿大夫陽嘉二年代來歷爲大鴻臚數日遷爲太常永和五年代王龔爲太尉漢安元年㠯日食免明年卒於家弟子傳業者數百人黃瓊楊賜最爲顯貴焉孫典（華嶠書曰焉長子衡早卒中子順順子典）

典字公雅復傳其家業（華嶠書曰典十二喪父母事叔母如事親立廉操不取於人門生故吏問遺一無所受也）㠯尚書教授潁川門徒數百人舉孝廉爲郎居無幾會國相王吉㠯罪被誅（沛相）故人親戚莫敢至者典獨棄官收斂歸葬服喪三年負土成墳

爲立祠堂盡禮而去辟司徒袁隗府舉高第拜侍御史是時宦官秉權典執政無所回避常乘驄馬京師畏憚爲之語曰行行且止避驄馬御史及黃巾賊起滎陽典奉使督軍賊破還以牾宦官賞不行在御史七年不調（華嶠書作十年）後出爲郎靈帝崩大將軍何進秉政典與同謀議三遷羽林中郎將（華嶠書曰遷平津都尉鉤盾令羽林中郎將也）獻帝即位三公奏典前與何進謀誅閹官功雖不遂忠義炳著詔拜家一人爲郎賜錢二十萬從西入關拜御史中丞賜爵關內侯車駕都許遷光祿勳建安六年卒於官

鸞字始春焉弟子也（東觀記曰鸞父良龍舒侯相也）少立操行縕袍糟食不求盈餘（東觀記曰鸞貞亮之性著乎幼沖學覽六經莫不貫綜推財孤寡分賄友朋泰於待賢狹於養己常著大布縕袍糲食醋餐也）不肯仕年四十餘時太守向苗有名迹迺舉鸞孝廉遷爲膠東令始到官而苗卒鸞即去職奔喪終三年然後歸淮汝之間高其義

後爲已吾汲二縣令東觀記曰除陳留已吾長旬月閒遷河內汲令甚有名迹諸公並薦復徵辟拜議郎上陳五事舉賢才審授用黜佞倖省苑囿息役賦書奏御悟內豎故不省已病免中平元年年七十七卒於家子曄

曄字文林一名嚴東觀記嚴作礹尤修志介姑爲司空楊賜夫人初鸞卒姑歸寧赴哀將至止於傳舍整飾從者而後入曄心非之及姑勞問終無所言號哭而已賜遣吏奉祠因縣發取祠具曄拒不受後每至京師未嘗舍宿楊氏其貞忮若此忮堅也賓客從者皆祇其志行一餐不受於人仕爲郡功曹後舉孝廉有道方正茂才三公並辟皆不應初平中天下亂避地會稽遂浮海客交阯東觀記曰礹到吳郡揚州刺史劉繇振給穀食衣服所乏者悉不受後東適會稽住止山陰縣故魯相鍾離意舍太守王朗餉給糧食布帛牛羊一無所留臨去之際屋中尺寸之物悉疏付主人纖微不漏移居揚州從事屈豫室中中庭橘樹一株遇實熟乃以竹藩樹四面風吹落兩實以繩繫著樹枝每當危亡之急其志彌固賓客從者皆肅其行也越人化其節至閭里不爭訟爲凶人所誣遂死于合浦獄

彬字彥林焉之兄孫也父麟字元鳳早有才惠華嶠書曰鄷生麟也桓帝初爲議郎入侍講禁中以直道牾左右出爲許令許縣名今許州許昌縣也病免會母終麟不勝喪未祥而卒年四十一所著碑誄讚說書凡二十一篇案摯虞文章志麟文見在者十八篇有碑九首誄七首七說一首沛相郭府君書一首彬少與蔡邕齊名初舉孝廉拜尚書郎時中常侍曹節女壻馮方亦爲郎彬厲志操與左丞劉歆右丞杜希同好交善未嘗與方共酒食之會方深怨之遂章言彬等爲酒黨事下尚書令劉猛猛雅善彬等不舉正其事節大怒劾奏猛以爲阿黨請收下詔獄在朝爲之寒心猛意氣自若旬日得出免官禁錮彬遂以廢光和元年卒于家年四十六諸儒莫不傷之所著七說及書凡三篇蔡邕等共論序其志僉以爲彬有過人者四夙智早成岐嶷也夙早也岐行貌也嶷然有所識也詩曰克岐克嶷也學優文麗至通也仕不苟祿絕高也辭隆從窊絜操也窊下也音烏瓜反迺共樹碑而頌焉劉猛琅邪人桓

帝時爲宗正直道不容自免歸家靈帝即位太傅陳蕃大將軍竇武輔政復徵用之

論曰伏氏自東西京相襲爲名儒已取爵位（謂伏生已後至伏湛也）中興而桓氏尤盛自榮至典世宗其道父子兄弟代作帝師受其業者皆至卿相顯乎當世孔子曰古之學者爲己今之學者爲人（論語云也）爲人者憑譽已顯物爲己者因心已會道桓榮之累世見宗豈其爲己乎

丁鴻字孝公潁川定陵人也父綝字幼春王莽末守潁陽尉世祖略地潁陽潁陽城守不下綝說其宰遂與俱降世祖大喜厚加賞勞已綝爲偏將軍因從征伐綝將兵先度河移檄郡國攻營略地下河南陳留潁川二十一縣建武元年拜河南太守及封功臣帝令各言所樂諸將皆占豐邑美縣唯綝願封本鄉或謂綝曰人皆欲縣子獨求鄉何也綝曰昔孫叔敖勑其子受封必求墝埆之地

孫叔敖楚相也墝埆瘠薄之地叔敖將死戒其子曰王封汝必無居地利也楚越之間有寢丘者甚惡可長有以食也事見呂氏春秋今綝能薄功微得鄉亭厚矣帝從之封定陵新安鄉侯食邑五千戶後徙封陵陽侯鴻年十三從桓榮受歐陽尚書三年而明章句善論難為都講遂篤志精銳布衣荷擔不遠千里初綝從世祖征伐鴻獨與弟盛居憐盛幼小而共寒苦及綝卒鴻當襲封上書讓國於盛不報既葬迺挂縗絰於冢廬而逃去留書與盛曰鴻貪經書不顧恩義弱而隨師弱少也生不供養死不飯唅皇天先祖竝不祐助身被大病不任茅土任堪也前上疾狀願辭爵仲公仲公盛之字也章寢不報迫且當襲封謹自放棄逐求良醫如遂不瘳永歸溝壑鴻初與九江人鮑駿同事桓榮甚相友善及鴻亡封與駿遇於東海陽狂不識駿駿迺止而讓之曰昔伯夷吳札亂世權行故得申其志耳伯夷孤竹君之子讓其弟叔齊餓死于首陽之山吳札吳王壽夢之季子也諸兄欲讓其國季子乃舍其室而耕皆是權時所行非常之道也伯夷當紂時吳札當周之末故言亂也春秋之義不以家事廢

王事春秋衛靈公卒孫輒立父蒯聵與輒爭國公羊傳曰輒者曷爲蒯聵之子然則曷爲不立蒯聵而立輒蒯聵無道靈公逐之而立輒然則輒之義可以立乎曰可不以父命辭於王命不以家事辭於王事故駿引以爲言也今子以兄弟私恩而絶父不滅之基可謂智乎鴻感悟垂涕歎息迺還就國開門教授鮑駿亦上書言鴻經學至行顯宗甚賢之續漢書載駿書曰臣聞武王克殷封比干之墓表商容之閭二人無功下車先封之表善顯仁爲國之砥礪也伏見丁鴻經明行修志節清妙由是上賢之也永平十年詔徵鴻至即召見說文侯之命篇周平王東遷洛邑晉文侯仇有輔佐之功平王賜以車馬弓矢而策命之因以名篇事見尚書也賜御衣及綬稟食公車稟給也公車署名公車所在因以名諸待詔者皆居以待命故令給食焉與博士同禮頃之拜侍中十三年兼射聲校尉建初四年徙封魯陽鄉侯東觀記曰魯陽鄉在尋陽郡也肅宗詔鴻與廣平王羨及諸儒樓望成封桓郁賈逵等論定五經同異於北宮白虎觀廣平王羨明帝子也東觀記曰與太常樓望少府成封屯騎校尉桓郁衛士令賈逵等集議也白虎門名於門立觀因以名之焉使五官中郎將魏應主承制問難侍中淳于恭奏上帝親稱制臨決鴻以才高論難最明諸儒稱之帝數嗟美焉時人歎曰殿中無雙丁孝公東觀記曰上歎嗟其才號之曰殿中無雙丁孝公賜錢二十萬續漢書亦同而此書獨作時人歎也數受賞賜

擢徙校書遂代成封爲少府門下由是益盛遠方至者數千人彭城劉愷北海巴茂九江朱倀皆至公卿元和三年徙封馬亭鄉侯〔東觀記曰元和二年車駕東巡狩鴻以少府從上奏曰臣聞古之帝王統治天下五載巡狩至于岱宗柴祭于天望秩山川協時月正日同斗斛權衡使人不爭陛下尊履蒸蒸奉承弘業祀五帝於明堂配以光武二祖四宗咸有告祀瞻望太山嘉澤降澍柴祭之日白氣上升與燎煙合黃鵠羣翔所謂神人以和答響之休符也上善焉又曰以廬郡爲六安國所以徙封爲馬亭侯〕和帝即位遷太常永元四年代袁安爲司徒是時竇太后臨政憲兄弟各擅威權鴻因日食上封事曰臣聞日者陽精守實不虧君之象也月者陰精盈毀有常臣之表也故日食者臣乘君陰陵陽月滿不虧下驕盈也昔周室衰季皇甫之屬專權於外黨類彊盛侵奪主埶則日月薄食〔周室衰謂幽王時也皇甫即幽王后之黨也詩小雅曰皇甫卿士番維司徒家伯維宰仲允膳夫其類非一故言之屬也〕故詩曰十月之交朔月辛卯日有食之亦孔之醜〔十月之交詩小雅篇名也孔甚也醜惡也周之十月夏之八月也八月朔日月交而日食陰侵陽臣侵君之象也日辰之義日爲君辰爲臣辛金也卯木也又以卯侵金故甚惡也〕春秋日食三十六弒君三十二變不空生各以類應夫威柄不以放下利器不以假人〔劉向

上書云弑君三十六今據春秋與劉向同而東觀及續漢范氏諸本皆云三十二蓋誤也威柄謂周禮之八柄即爵祿生置予奪廢誅也利器謂國之權勢假借也左傳曰唯器與名不可以假人

覽觀往古近察漢興傾危之禍靡不由之是以三桓專魯田氏擅齊六卿分晉諸呂握權統嗣幾移哀平之末廟不血食三桓謂季孫氏叔孫氏仲孫氏三家皆出自魯桓公故言三桓並專權魯國至魯昭公遂爲季氏所逐平子乃攝行君事田氏陳敬仲之後因自陳奔齊故爲田氏遂執齊政至田和乃篡齊六卿謂晉之智氏中行氏范氏韓氏趙氏魏氏並專晉政韓趙魏卒三分晉國也諸呂謂呂產呂祿也產領南軍祿領北軍謀危劉氏故曰統嗣幾移故雖有周公之親而無其德不得行其埶也言親賢兼重方可執政孟子曰有伊尹之心則可無伊尹之心則篡也今大將軍雖欲勑身自約不敢僭差然而天下遠近皆惶怖承旨刺史二千石初除謁辭求通待報雖奉符璽受臺勑不敢便去久者至數十日背王室向私門此迺上威損下權盛也人道悖於下效驗見於天雖有隱謀神照其情垂象見戒以告人君間者月滿先節過望不虧易曰天垂象見吉凶故言見戒也月滿先節謂未及望而滿也東觀記亦云作先節俗本作失節字之誤也此臣驕溢背君專功獨行也陛下未深覺悟故天重見戒誠宜畏懼以防其禍詩云敬天之怒不敢

戲豫[詩大雅也雷電震耀天怒也戲豫猶逸豫也不敢自逸所以敬天也]若勑政責躬杜漸防萌則凶妖銷滅害除福湊矣夫壞崖破巖之水源自涓涓干雲蔽日之木起於葱青禁微則易救末者難人莫不忍於微細以致其大恩不忍誨義不忍割去事之後未然之明鏡也臣愚以爲左官外附之臣[前書左官附益阿黨之法設左官者人道尚右舍天子而事諸侯爲左官外附謂背正法而附私家]依託權門傾覆謟諛以求容媚者宜行一切之誅間者大將軍再出威振州郡莫不賦斂吏人遣使貢獻大將軍雖不受而物不還主部署之吏無所畏憚縱行非法不伏罪辜故海內貪猾競爲姦吏小民吁嗟怨氣滿腹臣聞天不可以不剛不剛則三光不明[三光日月星也天道尚剛周易曰乾健也天道終日乾乾是其剛也]王不可以不彊不彊則宰牧從橫宜因大變改政匡失以塞天意書奏十餘日帝以鴻行太尉兼衞尉屯南北宮於是收竇憲大將軍印綬憲及諸弟皆自殺時大郡口五六十萬舉孝廉二人小郡口二十萬并有

蠻夷者亦舉二人帝以爲不均下公卿會議鴻與司空劉方上言凡口率之科宜有階品蠻夷錯雜不得爲數自今郡國率二十萬口歲舉孝廉一人四十萬二人六十萬三人八十萬四人百萬五人百二十萬六人不滿二十萬二歲一人不滿十萬三歲一人帝從之六年鴻薨賜贈有加常禮子湛嗣湛卒子浮嗣浮卒子夏嗣東觀記及續漢書夏字作夒也

論曰孔子曰泰伯三以天下讓民無德而稱焉此上論語載孔子之言也鄭玄注云泰伯周太王之長子次子仲雍次子季歷太王見季歷賢又生文王有聖人表故欲立之而未有命太王疾太伯因適吳越採藥太王歿而不返季歷爲喪主一讓也季歷赴之不來奔喪二讓也免喪之後遂斷髮文身三讓也三讓之美皆蔽隱不著故人無德而稱焉孟子曰聞伯夷之風者貪夫廉懦夫有立志若迺泰伯以天下而違周伯夷率絜情以去國竝未始有其讓也違去也未始猶未嘗也言泰伯伯夷率性清絜超然去國未嘗故有求讓之名故泰伯稱至德伯夷稱賢人後世聞其讓而慕其風徇其名而昧其致所以激詭行生而取與妄矣徇營也言二子非故

立讓風以求聲譽故至德稱於前古後代之人直欲營慕其名而昧其深致所以激射詭譎之行生而取與之間多詐妄矣至夫鄧彪劉愷讓其弟以取義使弟受非服而已厚其名於義不亦薄乎彪讓國異母弟荆及鳳愷以國讓弟憲弟皆許焉弟不當襲爵故言非服而彪愷皆獨受美名而陷弟於不義也君子立言非苟顯其理將以啓天下之方悟者立行非獨善其身將以訓天下之方動者言行之所開塞可無慎哉原丁鴻之心主於忠愛乎何其終悟而從義也異夫數子類乎徇名者焉

贊曰五更待問應若鳴鐘禮記曰夙夜強學以待問又曰善待問者如撞鐘扣之以小者則小鳴扣之以大者則大鳴待其從容而後盡其聲不善答問者反此也庭列輜駕堂修禮容穆穆帝則擁經以從從就也丁鴻翼翼讓而不飾高論白虎深言日食春秋經書日有食之杜預注云日食者月掩日聖人不言月掩日而以日食爲文闕於所不見也

桓榮丁鴻列傳第二十七

後漢書三十七

張法滕馮度楊列傳第二十八　後漢書三十八

唐章懷太子賢注

張宗字諸君南陽魯陽人也王莽時爲縣陽泉鄉佐續漢書曰鄉佐主佐鄉收稅賦會莽敗義兵起宗迺率陽泉民三四百人起兵略地西至長安更始以宗爲偏將軍宗見更始政亂因將家屬客安邑及大司徒鄧禹西征定河東宗詣禹自歸禹聞宗素多權謀迺表爲偏將軍禹軍到栒邑赤眉大眾且至禹以栒邑不足守欲引師進就堅城而眾人多畏賊追憚爲後拒禹迺書諸將名於竹簡署其前後亂著笥中令各探之笥以竹爲之鄭玄注禮記云圓曰簞方曰笥宗獨不肯探曰死生有命張宗豈辭難就逸乎禹歎息謂曰將軍有親弱在營奈何不顧宗曰愚聞一卒畢力百人不當萬夫致死可以橫行宗今擁兵數千以承大威何遽其必敗乎遂留爲後拒諸營既引兵宗方勒厲軍士堅壘壁

㠯死當之禹到前縣議曰㠯張將軍之衆當百萬之師猶㠯小雪投沸湯雖欲勠力其埶不全也迺遣步騎二千人反還迎宗宗引兵始發而赤眉卒至宗與戰卻之迺得歸營於是諸將服其勇及還到長安宗夜將銳士入城襲赤眉中矛貫胛（胛背上兩髆間）又轉攻諸營保爲流矢所激皆幾至於死及鄧禹徵還光武㠯宗爲京輔都尉（秦每郡有尉一人典兵禁景帝更名都尉武帝元鼎四年置京輔都尉各一人二千石見前書也）將突騎與征西大將軍馮異共擊關中諸營保破之遷河南都尉建武六年都尉官省拜太中大夫八年潁川桑中盜賊羣起宗將兵擊定之後靑冀盜賊屯聚山澤宗㠯謁者督諸郡兵討平之十六年瑯邪北海盜賊復起宗督二郡兵討之迺設方略明購賞皆悉破散於是沛楚東海臨淮羣賊懼其威武相捕斬者數千人靑徐震慄後遷瑯邪相其政好嚴猛敢殺伐永平二年卒於官

法雄字文彊，扶風郿人也，齊襄王法章之後。秦滅齊，子孫不敢稱田姓，故以法爲氏。（法章，齊湣王子也。法章子建立，爲秦所滅，見史記。）宣帝時徙三輔，世爲二千石。雄初仕郡功曹，（續漢志曰：郡皆置諸曹掾史。功曹史主選功勞也。）辟太傅張禹府，舉雄高第，除平氏長。（平氏縣屬南陽郡，故城今唐州平氏縣也。）善政事，好發擿姦伏，盜賊稀發，吏人畏愛之。南陽太守鮑得上其理狀，遷宛陵令。永初三年，海賊張伯路等三千餘人，冠赤幘，服絳衣，自稱將軍，寇濱海九郡，殺二千石令長。初遣侍御史龐雄督州郡兵擊之，伯路等乞降，尋復屯聚。明年，伯路復與平原劉文河等三百餘人稱使者，攻厭次城，殺長吏，（厭次，今棣州縣是也。）轉入高唐，（高唐，今博州縣。）燒官寺，出繫囚，渠帥皆稱將軍，共朝謁伯路。伯路冠五梁冠，佩印綬，（漢官儀曰：諸侯冠進賢三梁，卿大夫、尚書、二千石冠兩梁，千石以下至小吏冠一梁。無五梁制者也。）黨衆浸盛。迺遣御史中丞王宗持節發幽、冀諸郡兵，合數萬人，迺徵雄爲青州刺史，與王宗并力討之。連戰破賊，斬首溺死者數百人，餘皆奔走，收器械財物甚衆會赦詔到賊猶㠯軍甲未解不敢歸降於是王宗召刺史太守共議皆㠯爲當遂擊之雄曰不然兵凶器戰危事（史記范蠡之辭）勇不可恃勝不可必賊若乘船浮海深入遠島攻之未易也及有赦令可且罷兵㠯慰誘其心埶必解散然後圖之可不戰而定也宗善其言卽罷兵賊聞大喜迺還所略人而東萊郡兵獨未解甲賊復驚恐遁走遼東止海島上五年春乏食復抄東萊閒雄率郡兵擊破之賊逃還遼東遼東人李久等共斬平之於是州界清靜雄每行部錄囚徒察顏色多得情僞長吏不奉法者皆解印綬去在州四年遷南郡太守斷獄省少戶口益增郡濱帶江沔（水經曰沔水出武都沮縣東狼谷中至江夏沙羨縣北南入于江羨音夷）又有雲夢藪澤（雲夢澤今在安州）永初中多虎狼之暴前太守賞募張捕反爲所害者甚衆雄迺移書屬縣曰凡虎狼之在山林猶人之居城市古者至化之世猛獸不擾（禮記曰大道之行四靈以爲畜龍以爲畜故魚鮪不淰鳳

（以爲畜故鳥不獝麟以爲畜故獸不狘是不擾之也）皆由恩信寬澤仁及飛走太守雖不德敢忘斯義記到其毀壞檻穽不得妄捕山林（檻謂捕獸之機也穽謂穽地陷獸也）是後虎害稍息人已獲安在郡數歲歲常豐稔（稔熟也）初平中卒官子眞在逸人傳

滕撫字叔輔北海劇人也初仕州郡稍遷爲涿令有文武才用太守以其能委任郡職兼領六縣（續漢志涿郡領七縣除涿以外有遒故安范陽良鄉北新城方城六縣使撫兼領之）風政修明流愛于人在事七年道不拾遺順帝末揚徐盜賊羣起磐牙連歲（磐牙謂相連結）建康元年九江范容周生等相聚反亂屯據歷陽（歷陽今和州縣）爲江淮巨患遣御史中丞馮緄將兵督揚州刺史尹耀九江太守鄧顯討之燿顯軍敗爲賊所殺又陰陵人徐鳳馬勉等復寇郡縣殺略吏人鳳衣絳衣帶黑綬稱無上將軍勉皮冠黃衣帶玉印稱皇帝築營於當塗山中（當塗縣之山也在今宣州）迺建年號置百官遣別帥黃虎攻沒合肥（合肥故城在今廬州北也）明年廣陵賊張嬰等復聚衆數千人反據廣陵朝

廷博求將帥三公舉撫有文武才拜爲九江都尉與中郎將趙序助馮緄合州郡兵數萬人共討之又廣開賞募錢邑各有差梁太后慮羣賊屯結諸將不能制又議遣太尉李固未及行會撫等進擊大破之斬馬勉范容周生等千五百級徐鳳遂將餘衆攻燒東城縣東城縣故城在今豪州定遠縣東南下邳人謝安應募率其宗親設伏擊鳳斬之封安爲平鄉侯邑三千戶拜撫中郎將督揚徐二州事撫復進擊張嬰斬獲千餘人趙序坐畏懦不進詐增首級徵還棄市又歷陽賊華孟自稱黑帝攻九江殺郡守撫乘勝進擊破之斬孟等三千八百級虜獲七百餘人牛馬財物不可勝算於是東南悉平振旅而還已撫爲左馮翊除一子爲郎撫所得賞賜盡分於麾下性方直不交權埶宦官懷忿及論功當封太尉胡廣時錄尚書事承旨奏黜撫天下怨之卒於家

馮緄字鴻卿巴郡宕渠人也宕渠縣故城在今渠州東北緄音古本反少學春秋司馬兵法謝承書曰緄學公羊春秋史記曰司馬穰苴者田完之苗裔也當景公時善用兵至齊威王時使大夫追論古者司馬兵法而附穰苴其中號曰司馬穰苴也父煥安帝時爲幽州刺史疾忌姦惡數致其罪時玄菟太守姚光亦失人和建光元年怨者迺詐作璽書譴責煥光賜以歐刀又下遼東都尉龐奮使速行刑奮卽斬光收煥煥欲自殺緄疑詔文有異止煥曰大人在州志欲去惡實無它故必是凶人妄詐規肆姦毒願以事自上甘罪無晚煥從其言上書自訟果詐者所爲徵奮抵罪會煥病死獄中帝愍之賜煥光錢各十萬以子爲郎中緄由是知名家富好施賑赴窮急爲州里所歸愛初舉孝廉七遷爲廣漢屬國都尉徵拜御史中丞順帝末以緄持節督揚州諸郡軍事與中郎將滕撫擊破羣賊遷隴西太守後鮮卑寇邊以緄爲遼東太守曉喻降集虜皆弭散弭止也徵拜京兆尹轉司隸校尉所在立威刑遷廷尉太

常時長沙蠻寇益陽屯聚積久至延熹五年衆轉盛而零陵蠻賊復反應之合二萬餘人攻燒城郭殺傷長吏又武陵蠻夷悉反寇掠江陵間荊州刺史劉度南郡太守李肅竝奔走荊南皆沒於是拜緄爲車騎將軍將兵十餘萬討之詔策緄曰蠻夷猾夏久不討攝猾亂也夏華夏也攝持也書曰蠻夷猾夏各焚都城蹈藉官人州郡將吏死職之臣相逐奔竄曾不反顧可愧言也將軍素有威猛是以擢授六師六師猶六軍也詩云整我六師以修我戎也前代陳湯馮傳之徒以寡擊衆陳湯字子公山陽瑕丘人也元帝時爲西域副校尉矯發西域諸國兵四萬人誅斬郅支單于傳首長安懸於藁街馮奉世字子明上黨潞人也宣帝時以衛尉持節送大宛諸國客到伊修城時莎車王萬年殺漢使者子明乃以節告諸國王發兵五千人擊莎車殺其王傳首詣長安傳介子北地人昭帝時爲平樂監時樓蘭國數反覆霍光白遣介子與士卒齎金幣以賜外國爲名至樓蘭樓蘭王與介子飲乃令壯士二人刺殺之持首詣闕郅支夜郎樓蘭之戎頭懸都街夜郎西南夷之國也成帝時夜郎王興數不從命牂柯太守陳立行縣至夜郎召興興從邑君數十人見立立數責因斷興頭案夜郎王首不傳京師殺之者陳立又非陳湯馮傳此蓋泛論誅戮戎夷耳衛霍北征功列金石是皆將軍所究覽也衛青霍去病俱出擊匈奴青至寘顔山斬首九千級去病斬首七萬餘級次封狼居胥山迺還也今非將軍誰與修復前迹進

赴之宜權時之策將軍一之出郊之事不復內御一猶專也言出郊以外不復由內制御也淮南子曰凡命將主親授鉞曰從此上至天將軍制之將答曰國不可從外理軍不可從中御也已命有司祖于國門祖道祭也鄭玄注禮記云天子九門路門也應門也雉門也庫門也皋門也國門也近郊門也遠郊門也關門也詩不云乎進厥虎臣闞如虓虎敷敦淮濆仍執醜虜將軍其勉之詩大雅也當周宣王時徐方淮夷反叛宣王乃進其虎猛之臣謂方叔召虎之類也虓虎怒聲也水涯曰濆敷布也醜衆也仍因也言布兵敦逼淮水之涯因執得衆虜引詩戒緄令其勉也時天下飢饉帑藏虛盡每出征伐常減公卿奉祿假王侯租賦前後所遣將帥宦官輒陷以折耗軍資往往抵罪緄性烈直不行賄賂懼為所中迺上疏曰埶得容姦伯夷可疑苟曰無猜盜跖可信莊子曰孔子與柳下季為友弟名曰盜跖從卒九千人橫行侵暴諸侯驅人馬牛取人婦女貪得無親萬人苦之故樂羊陳功文侯示以謗書樂羊魏將軍也史記曰魏文侯令樂羊將而攻中山三年而拔之樂羊反而論功文侯示之謗書一篋樂羊再拜曰此非臣之功也願請中常侍一人監軍財費尚書朱穆奏緄以財自嫌失大臣之節有詔勿劾緄軍至長沙賊聞悉詣營道乞降營道今道州縣也進擊武陵蠻夷斬首四千餘級受降十萬餘人荆州平定詔書賜錢一

億固讓不受振旅還京師推功於從事中郎應奉薦㠯爲司隸校尉而上書乞骸骨朝廷不許監軍使者張敞承宦官旨奏緄將傅婢二人戎服自隨又輒於江陵刻石紀功請下吏案理尚書令黃儁奏議㠯爲罪無正法不合致糾會長沙賊復起攻桂陽武陵緄㠯軍還盜賊復發策免頃之拜將作大匠轉河南尹上言舊典中官子弟不得爲牧人職帝不納復爲廷尉時山陽太守單遷㠯罪繫獄緄考致其死遷故車騎將軍單超之弟中官相黨遂共誹章誣緄坐與司隸校尉李膺大司農劉祐俱輸左校應奉上疏理緄等得免後拜屯騎校尉復爲廷尉卒于官緄弟允清白有孝行能理尚書善推步之術（推步謂究日月五星之度昬旦節氣之差）拜降虜校尉終于家（謝承書曰緄子鸞舉孝廉除郎中）

度尚字博平山陽湖陸人也家貧不修學行不爲鄉里所推舉（續漢書曰）

尚少喪父事母至孝通京氏易古文尚書爲吏清潔有文武才略與此不同積困窮迺爲官者同郡侯覽視田得爲郡上計吏拜郎中除上虞長上虞縣故城在今越州餘姚縣西爲政嚴峻明於發擿姦非吏人謂之神明謝承書曰尚進善愛人坐以待旦擢門下書佐朱雋恒歎述之以爲有不凡之操雋後官至車騎將軍遠近奇尚有知人之鑒遷文安令文安縣故城在今瀛州文安縣東北遇時疾疫穀貴人飢尚開倉廩給營救疾者百姓蒙其濟時冀州刺史朱穆行部見尚甚奇之延熹五年長沙零陵賊合七八千人自稱將軍入桂陽蒼梧南海交阯交阯刺史及蒼梧太守望風逃奔二郡皆沒遣御史中丞盛修募兵討之不能尅豫章艾縣民六百餘人應募而不得賞直怨恚遂反焚燒長沙郡縣寇益陽益陽縣在今益水之陽故城在今潭州益陽縣東殺縣令衆漸盛又遣謁者馬睦督荆州刺史劉度擊之軍敗睦度奔走桓帝詔公卿舉任代劉度者尚書朱穆舉尚自右校令擢爲荆州刺史尚躬率部曲與同勞逸廣募雜種諸蠻夷明設購賞進擊大破之降者數萬人桂陽宿賊

渠帥卜陽潘鴻等與尚威烈徒入山谷尚窮追數百里遂入南海破其三屯多獲珍寶而陽鴻等黨衆猶盛尚欲擊之而士卒驕富莫有鬬志尚計緩之則不戰逼之必逃亡迺宣言卜陽潘鴻作賊十年習於攻守今兵寡少未易可進當須諸郡所發悉至爾迺并力攻之申令軍中恣聽射獵兵士喜悅大小皆相與從禽尚迺密使所親客潛焚其營珍積皆盡獵者來還莫不涕泣尚人人慰勞深自咎責因曰卜陽等財寶足富數世諸卿但不并力耳所亡少少何足介意衆聞咸憤踊尚勑令秣馬蓐食明旦徑赴賊屯陽鴻等自以深固不復設備吏士乘銳遂大破平之尚出兵三年羣寇悉定七年封右鄉侯遷桂陽太守明年徵還京師時荆州兵朱葢等徵戍役久財賞不贍忿恚復作亂與桂陽賊胡蘭等三千餘人復攻桂陽焚燒郡縣太守任胤棄城走賊衆遂至數萬轉攻零陵

太守陳球固守拒之於是㠯尚爲中郎將將幽冀黎陽烏桓步騎二萬六千人救球又與長沙太守抗徐等發諸郡兵并埶討擊大破之斬蘭等首三千五百級餘賊走蒼梧詔賜尚錢百萬餘人各有差時抗徐與尚俱爲名將數有功徐字伯徐丹陽人鄉邦稱其膽智初試守宣城長悉移深林遠藪椎髻鳥語之人置於縣下宣城縣故城在今宣州南陵縣東椎獨髻也音直追反鳥語謂語聲似鳥也書曰鳥夷卉服由是境內無復盜賊後爲中郎將宗資別部司馬擊太山賊公孫舉等破平之斬首三千餘級封烏程東鄉侯五百戶烏程今湖州縣遷太山都尉寇盜望風奔亡及在長沙宿賊皆平卒於官桓帝詔追增封徐五百戶并前千戶復㠯尚爲荊州刺史尚見胡蘭餘黨南走蒼梧懼爲己負迺僞上言蒼梧賊入荊州界於是徵交阯刺史張磐下廷尉辭狀未正會赦見原磐不肯出獄方更牢持械節獄吏謂磐曰天恩曠然而君不出何也磐因

自列曰前長沙賊胡蘭作難荆州餘黨散入交阯磐身擐甲冑涉危履險討擊凶患斬殄渠帥餘燼鳥竄冒遁還奔荆州刺史度尚懼磐先言怖畏罪戾（戾亦罪也）伏奏見誣磐備位方伯為國爪牙（爪牙以猛獸為喻言為國之捍衛也詩曰祈父予王之爪牙也）而為尚所枉受罪牢獄夫事有虛實法有是非磐實不辜赦無所除如忍以苟免永受侵辱之恥生為惡吏死為敝鬼乞傳尚詣廷尉面對曲直足明真偽尚不徵者磐埋骨牢檻終不虛出望塵受枉廷尉以其狀上詔書徵尚到廷尉辭窮受罪以先有功得原磐字子石丹陽人以清白稱終於廬江太守尚後為遼東太守數月鮮卑率兵攻尚與戰破之戎狄憚畏年五十延熹九年卒于官

楊琁字機平會稽烏傷人也高祖父茂本河東人也光武征伐為威寇將軍封烏傷新陽鄉侯建武中就國傳封三世有罪國除因

而家爲父扶交阯刺史有理能名兄喬爲尚書容儀偉麗數上言政事桓帝愛其才貌詔妻以公主喬固辭不聽遂閉口不食七日而死琁初舉孝廉稍遷靈帝時爲零陵太守是時蒼梧桂陽猾賊相聚攻郡縣賊衆多而琁力弱吏人憂恐琁迺特制馬車數十乘以排囊盛石灰於車上（排囊即今之韛袋也排音蒲拜反）繫布索於馬尾又爲兵車專彀弓弩尅期會戰迺令馬車居前順風鼓灰賊不得視因以火燒布布然馬驚奔突賊陣因使後車弓弩亂發鉦鼓鳴震羣盜波駭破散追逐傷斬無數梟其渠帥郡境以清（梟懸也）荆州刺史趙凱誣奏琁實非身破賊而妄有其功琁與相章奏凱有黨助遂檻車徵琁防禁嚴密無由自訟迺噬臂出血書衣爲章具陳破賊形埶又言凱所誣狀潛令親屬詣闕通之詔書原琁拜議郎凱反受誣人之罪琁三遷爲渤海太守所在有異政以事免後尚書令張溫特表薦

之徵拜尚書僕射以病乞骸骨卒於家

論曰安順以後風威稍薄寇攘寖橫緣隙而生剽人盜邑者不闋時月（闋息也）假署皇王者蓋以十數或託驗神道或矯妄冕服然其雄渠魁長未有聞焉猶至壘盈四郊奔命首尾（壘軍壁也禮記曰四郊多壘卿大夫之辱奔命謂有命卽奔赴之左傳曰余必使爾罷於奔命也）若夫數將者並宣力勤慮以勞定功（宣布也尚書曰宣力四方禮記曰以勞定國則祀）而景風之賞未甄膚受之言互及（景風至則行賞解見和紀甄明也膚受謂得皮膚之言而受之不深知其情核者也孔子曰膚受之愬不行焉可謂明矣）以此而推政道難乎以免（論語孔子曰不有祝鮀之佞難乎免於今之世矣）

贊曰張宗禪禹敢殿後拒（殿音丁見反）江淮海岱虔劉寇阻（虔劉皆殺也）其誰清之雄尚緄撫琁能用譎亦云振旅

張法滕馮度楊列傳第二十八

後漢書三十八

劉趙淳于江劉周趙列傳第二十九　後漢書三十九

唐章懷太子賢注

孔子曰夫孝莫大於嚴父嚴父莫大於配天則周公其人也配天謂宗祀文王於明堂以配上帝子路曰傷哉貧也生無㠯養死無㠯葬子曰啜菽飲水孝也事見禮記啜音昌悅反廣雅云啜食也夫鐘鼓非樂云之本而器不可去論語孔子曰樂云樂云鐘鼓云乎哉言樂之所貴者移風易俗也非謂鐘鼓而已然而不可去鐘鼓去音丘呂反三牲非致孝之主而養不可廢孝經曰雖日用三牲猶爲不孝言孝子者以和顏悅色爲難也非謂三牲而已然不可闕甘旨存器而亡本樂之遁也遁失也言盛飾鐘簴之器而亡移風之本是失樂之意也調器㠯和聲樂之成也崇養㠯傷行孝之累也不義而崇養更爲親憂是孝之累也修己㠯致祿養之大也故言能大養則周公之祀致四海之祭言㠯義養則仲由之菽甘於東鄰之牲易曰東鄰殺牛不如西鄰之禴祭夫患水菽之薄干祿㠯求養者是㠯恥祿親也干求也謂不以道求祿故可恥也存誠㠯盡行孝積而祿厚者此能㠯義養也中興廬江毛義少節家貧㠯孝行稱南陽人張奉

慕其名往候之坐定而府檄適至以義守令檄召書也東觀記曰義爲安陽尉府檄到當守令也義奉檄而入喜動顏色奉者志尚士心賤之自恨來固辭而去及義母死去官行服數辟公府爲縣令進退必以禮後舉賢良公車徵遂不至張奉歎曰賢者固不可測往日之喜迺爲親屈也斯蓋所謂家貧親老不擇官而仕者也韓詩外傳曾子曰任重道遠不擇地而息家貧親老不擇官而仕建初中章帝下詔褒寵義賜穀千斛常以八月長吏問起居加賜羊酒壽終於家安帝時汝南薛包孟常好學篤行喪母以至孝聞及父娶後妻而憎包分出之包日夜號泣不能去至被毆杖不得已廬於舍外旦入而灑埽父怒又逐之迺廬於里門昏晨不廢積歲餘父母慙而還之後行六年服喪過乎哀既而弟子求分財異居包不能止迺中分其財奴婢引其老者曰與我共事久若不能使也田廬取其荒頓者頓猶廢也曰吾少時所理意所戀也器物取朽敗者曰我素

所服食身口所安也弟子數破其產輒復賑給建光中公車特徵至拜侍中包性恬虛稱疾不起吕死自乞有詔賜告歸加禮如毛義（告請假也漢制吏病滿三月當免天子優賜其告使得帶印綬將官屬歸家養病謂之賜告也）年八十餘吕壽終若二子者推至誠吕爲行行信於心而感於人吕成名受祿致禮斯可謂能吕孝養也若夫江革劉般數公者之義行猶斯志也撰其行事著於篇（自此以上竝略華嶠之詞也）

劉平字公子楚郡彭城人也本名曠顯宗後改爲平王莽時爲郡吏守菑丘長（菑丘縣屬彭城國）政教大行其後每屬縣有劇賊輒令平守之所至皆理由是一郡稱其能更始時天下亂平弟仲爲賊所殺其後賊復忽然而至平扶侍其母奔走逃難仲遺腹女始一歲平抱仲女而棄其子母欲還取之平不聽曰力不能兩活仲不可吕絕類遂去不顧與母俱匿野澤中平朝出求食逢餓賊將亨平叩頭

曰今旦爲老母求菜老母待曠爲命願得先歸食母畢還就死令音[illegible]下同因涕泣賊見其至誠哀而遣之平還旣食母訖因白曰屬與賊期義不可欺遂還詣賊衆皆大驚相謂曰嘗聞烈士迺今見之子去矣吾不忍食子於是得全建武初平狄將軍龐萌反於彭城攻敗郡守孫萌平時復爲郡吏冒白刃伏萌身上被十創困頓不知所爲號泣請曰願以身代府君賊迺斂兵止曰此義士也勿殺遂解去萌傷甚氣絕有頃蘇渴求飲平傾其創血以飲之後數日萌竟死平迺裹創扶送萌喪至其本縣後舉孝廉拜濟陰郡丞太守劉育甚重之任以郡職上書薦平會平遭父喪去官服闋拜全椒長全椒縣屬九江郡政有恩惠百姓懷感人或增貲就賦或減年從役刺史太守行部獄無繫囚人自以得所不知所問所或作何唯班詔書而去後以病免顯宗初尚書僕射鍾離意上書薦平及琅邪王望東萊王

扶曰臣竊見琅邪王望楚國劉曠東萊王扶皆年七十執性恬淡所居之處邑里化之修身行義應在朝次臣誠不足知人竊慕推士進賢之義書奏有詔徵平等特賜辦裝錢至皆拜議郎並數引見平再遷侍中永平三年拜宗正數薦達名士承宮郇恁等恁字君大見黃憲傳恁音人甚反在位八年以老病上疏乞骸骨卒於家

王望字慈卿客授會稽自議郎遷青州刺史甚有威名是時州郡災旱百姓窮荒望行部道見飢者裸行草食五百餘人愍然哀之因以便宜出所在布粟給其廪糧爲作褐衣許慎注淮南子曰楚人謂袍爲短褐事畢上言帝以望不先表請章示百官詳議其罪時公卿皆以爲望之專命法有常條鍾離意獨曰昔華元子反楚宋之良臣不稟君命擅平二國春秋之義以爲美談春秋楚子圍宋宋人及楚人平公羊傳曰外平不書此何以書大其平乎己也何大其平乎己莊王圍宋有七日之糧爾盡此不勝將去而歸爾於是使司馬子反乘堙而闚宋城宋華元亦乘堙而出見之子反曰子之國何如華元曰憊矣曰何如曰易子而食之析骸而炊之子反曰諾吾軍有七日之糧

爾盡此不勝將去而歸爾揖而去之反於莊王莊王怒曰吾使子往視之子曷爲告之子反曰以區區之宋猶有不欺人之臣可以楚而無乎是以告之王曰諾引師而去之故君子大其平乎己也

令望懷義忘罪當仁不讓若繩之曰法恕其本情將乖聖朝愛育之旨帝嘉意議赦而不罪

王扶字子元掖人也掖今萊州縣少修節行客居琅邪不其縣所止聚落化其德小於鄉曰聚廣雅曰落居也國相張宗謁請不應欲强致之遂杖策歸鄉里連請固病不起太傅鄧禹辟不至後拜議郎會見恂恂似不能言恂恂恭順之貌然性沈正不可干曰非義當世高之永平中臨邑侯劉復復光武兄伯升之孫北海王興之子也著漢德頌盛稱扶爲名臣云

趙孝字長平沛國蘄人也蘄音機父普王莽時爲田禾將軍王莽時置田禾將軍屯田北邊任孝爲郎每告歸常白衣步擔嘗從長安還欲止郵亭亭長先時聞孝當過曰有長者客掃酒待之素聞孝高名故以爲長者客也洒與灑通音所買反孝既至不自名不稱名也長不肯內因問曰聞田禾將軍子當從長安來何時至乎孝

曰尋到矣於是遂去華嶠書曰孝報云三日至矣及天下亂人相食孝弟禮爲餓賊所得孝聞之即自縛詣賊曰禮久餓羸瘦不如孝肥飽賊大驚竝放之謂曰可且歸更持米精來孝求不能得復往報賊願就亨衆異之遂不害鄉黨服其義州郡辟召進退必以禮舉孝廉不應永平中辟太尉府顯宗素聞其行詔拜諫議大夫遷侍中又遷長樂衛尉復徵弟禮爲御史中丞禮亦恭謙行己類於孝帝嘉其兄弟篤行欲寵異之詔禮十日一就衛尉府大官送供具令共相對盡歡數年禮卒帝令孝從官屬送喪歸葬後歲餘復以衛尉賜告歸卒于家孝無子拜禮兩子爲郎時汝南有王琳巨尉者年十餘歲喪父母因遭大亂百姓奔逃惟琳兄弟獨守冢廬號泣不絕弟季出遇赤眉將爲所哺哺食之也音補胡反琳自縛請先季死賊矜而放遣由是顯名鄉邑後辟司徒府薦士而退琅邪魏譚少閒者時亦爲飢寇

所獲等輩數十人皆束縛以次當烹賊見譚似謹厚獨令主爨暮輒執縛賊有夷長公夷姓也特哀念譚密解其縛語曰汝曹皆應就食急從此去對曰譚爲諸君爨恒得遺餘餘人皆茹草萊不如食我長公義之相曉赦遣並得俱免譚永平中爲主家令公主家令又齊國兒萌子明兒音五兮反梁郡車成子威二人兄弟並見執於赤眉將食之萌成叩頭乞以身代賊亦哀而兩釋焉

淳于恭字孟孫北海淳于人也淳于縣故城在今密州安丘縣東北故淳于國也善說老子清靜不慕榮名家有山田果樹人或侵盜輒助爲收採又見偷刈禾者恭念其愧因伏草中盜去迺起里落化之王莽末歲飢兵起恭兄崇將爲盜所烹恭請代得與俱免後崇卒恭養孤幼教諭學問有不如法輒反用杖自箠以感悟之兒慚而改過初遭賊寇百姓莫事農桑恭常獨力田耕鄉人止之曰時方淆亂死生未分何空自

苦爲恭曰縱我不得它人何傷墾耨不輟後州郡連召不應遂幽居養志潛於山澤舉動周旋必由禮度建武中郡舉孝廉司空辟皆不應客隱琅邪黔陬山遂數十年（黔陬縣之山也黔陬故城在今密州諸城縣東北）建初元年肅宗下詔美恭素行告郡賜帛二十匹遣詣公車除爲議郎引見極日訪吕政事遷侍中騎都尉禮待甚優其所薦名賢無不徵用進對陳政皆本道德帝與之言未嘗不稱善五年病篤使者數存問卒於官詔書褒歎賜穀千斛刻石表閭除子孝爲太子舍人

江革字次翁齊國臨淄人也少失父獨與母居遭天下亂盜賊並起革負母逃難備經阻險常採拾吕爲養數遇賊或劫欲將去革輒涕泣求哀言有老母辭氣愿款有足感動人者（愿謹也款誠也）賊吕是不忍犯之或迺指避兵之方（華嶠書曰語以避兵道也）遂得俱全於難革轉客下邳窮貧裸跣行傭吕供母便身之物莫不必給建武末年與母歸鄉

里每至歲時縣當案比（案驗以比之猶今貌閱也）革以母老不欲搖動自在轅中輓車不用牛馬由是鄉里稱之曰江巨孝（巨大也華嶠書曰臨淄令楊音高之設特席顯異巨孝於稠人廣衆中親奉錢以助供養也）太守嘗備禮召革以母老不應及母終至性殆滅嘗寢伏冢廬服竟不忍除郡守遣丞掾釋服因請以爲吏永平初舉孝廉爲郎補楚太僕月餘自劾去楚王英馳遣官屬追之遂不肯還復使中傅贈送辭不受後數應三公命輒去建初初太尉牟融舉賢良方正再遷司空長史肅宗甚崇禮之遷五官中郎將每朝會帝常使虎賁扶侍及進拜恒目禮焉（獨視之也）時有疾不會輒太官送醪膳恩寵有殊於是京師貴戚衛尉馬廖侍中竇憲慕其行各奉書致禮革無所報受（華嶠書曰終不報書一無所受）帝聞而益善之後上書乞骸骨轉拜諫議大夫賜告歸因謝病稱篤元和中天子思革至行制詔齊相曰諫議大夫江革前以病歸今起居何如夫孝百行之冠衆善之始

也國家每惟志士未嘗不及華縣吕見穀千斛賜巨孝常吕八月長吏存問致羊酒吕終厥身華嶠書曰致羊一頭酒二斛如有不幸祠吕中牢由是巨孝之稱行於天下及卒詔復賜穀千斛

劉般字伯興宣帝之玄孫也宣帝封子囂於楚是爲孝王孝王生思王衍衍生王紆紆生般自囂至般積累仁義世有名節而紆尤慈篤早失母同產弟原鄉侯平尚幼紆親自鞠養常與共卧起飲食及成人未嘗離左右平病卒紆哭泣歐血數月亦歿初紆襲王封因值王莽篡位廢爲庶人因家於彭城般數歲而孤獨與母居王莽敗天下亂太夫人聞更始卽位太夫人般之母也前書音義曰列侯之妻稱夫人列侯死子復爲列侯母稱太夫人迺將般俱奔長安會更始敗復與般轉側兵革中西行上隴遂流至武威般雖尚少而篤志修行講誦不怠其母及諸舅吕爲身寄絕域死生未必必或作分也不宜苦精若此數吕曉般般猶不改其業建

武八年隗囂敗河西始通般卽將家屬東至洛陽修經學於師門明年光武下詔封般爲菑丘侯奉孝王祀使就國後以國屬楚王徙封杼秋侯杼秋縣屬梁國杼音是與反十九年行幸沛詔問郡中諸侯行能太守薦言般束修至行爲諸侯師束修謂謹束修潔也帝聞而嘉之迺賜般綬錢百萬繒二百匹二十年復與車駕會沛因從還洛陽賜穀什物留爲侍祠侯永平元年以國屬沛徙封居巢侯居巢縣屬廬江郡也復隨諸侯就國數年揚州刺史觀恂薦般在國口無擇言行無怨惡宜蒙旌顯顯宗嘉之十年徵般行執金吾事從至南陽還爲朝侯明年兼屯騎校尉時五校官顯職閑而府寺寬敞輿服光麗伎巧畢給故多以宗室肺腑居之肺腑天子之親屬也每行幸郡國般常將長水胡騎從帝嘗欲置常平倉宣帝時大司農耿壽昌請令邊郡皆築倉以穀賤時增其價而糴之以利農穀貴時減價而糶之名曰常平倉公卿議者多以爲便般對以常平倉外有利民之名而內實侵刻百姓豪右因緣爲

姦小民不能得其平置之不便帝迺止先是時下令禁民二業（謂農者不得商賈也）又㠯郡國牛疫通使區種增耕（氾勝之書曰上農區田法區方深各六寸間相去七寸一畝三千七百區丁男女種十畝至秋收區三升粟畝得百斛中農區田法方七寸深六寸間相去二尺一畝千二十七區丁男女種十畝秋收粟畝得五十一石下農區田法方九寸深六寸間相去三尺秋收畝得二十八石旱卽以水沃之）而吏下檢結多失其實百姓患之般上言郡國㠯官禁二業至有田者不得漁捕今濱江湖郡率少蠶桑民資漁採㠯助口實且㠯冬春閑月不妨農事夫漁獵之利爲田除害有助穀食無關二業也又郡國㠯牛疫水旱墾田多減故詔勑區種增進頃畝㠯爲民也而吏舉度田欲令多前（多於前歲）至於不種之處亦通爲租可申勑刺史二千石務令實覈其有增加皆使與奪田同罪帝悉從之（華嶠書曰奪作脫也）肅宗卽位㠯爲長樂少府建初二年遷宗正般妻卒厚加賵贈及賜冢塋地於顯節陵下般在位數言政事其收恤九族行義尤著時人稱之年六十建初三年卒子憲嗣憲卒子重嗣憲兄愷

愷字伯豫以當襲般爵讓與弟憲遁逃避封久之章和中有司奏請絕愷國肅宗美其義特優假之（假借也）愷猶不出積十餘歲至永元十年有司復奏之侍中賈逵因上書曰孔子稱能以禮讓爲國於從政乎何有（論語之文也何有者言何難之有也）竊見居巢侯劉般嗣子愷素行孝友謙遜絜清讓封弟憲潛身遠迹有司不原樂善之心而繩以循常之法（原本也繩政也）懼非長克讓之風成含弘之化前世扶陽侯韋玄成（玄成字少翁韋賢子讓封於兄弘宣帝高其節以爲河南太守元帝時爲御史大夫又爲丞相見前書也）近有陵陽侯丁鴻鄳侯鄧彪（鴻讓國於弟盛和帝時爲司徒彪讓國於弟荊鳳明帝時爲太尉鄳音盲）並以高行絜身辭爵未聞貶削而皆登三事今愷景仰前修有伯夷之節（景猶慕也詩云景行行止前修前賢也楚辭曰蹇吾法夫前修）宜蒙矜宥全其先功以增聖朝尚德之美和帝納之下詔曰故居巢侯劉般嗣子愷當襲般爵而稱父遺意致國弟憲遁亡七年所守彌篤蓋王法崇善成人之美其聽憲嗣爵遭事之宜後不得以爲比迺徵愷拜爲

郎稍遷侍中愷之入朝在位者莫不仰其風行遷步兵校尉十三年遷宗正免復拜侍中遷長水校尉永初元年代周章爲太常愷性篤古貴處士每有徵舉必先巖穴論議引正辭氣高雅永初六年代張敏爲司空元初二年代夏勤爲司徒舊制公卿二千石刺史不得行三年喪由是內外衆職竝廢喪禮元初中鄧太后詔長吏㠯下不爲親行服者不得典城選舉時有上言牧守宜同此制詔下公卿議者㠯爲不便愷獨議曰詔書所㠯爲制服之科者蓋崇化厲俗㠯弘孝道也今刺史一州之表二千石千里之師（前書杜欽曰郎以二千石守千里之地任兵馬之重不宜去郡也）職在辯章百姓宣美風俗（尚書曰九族既睦辯章百姓鄭玄注云辯別也章明也）尤宜尊重典禮㠯身先之而議者不尋其端至於牧守則云不宜是猶濁其源而望流清曲其形而欲景直不可得也（前書杜欽曰今淫僻之化流而欲黎庶敦朴猶濁其源而求流清也）太后從之時征西校尉任尚㠯姦利被徵抵罪尚曾副大

將軍鄧騭騭黨護之而太尉馬英司空李郃承望騭旨不復先請郃獨解尚臧錮愷不肯與議後尚書案其事二府竝受譴咎二府即馬英李郃朝廷㠯此稱之視事五歲永寧元年稱病上書致仕有詔優許焉加賜錢三十萬㠯千石祿歸養河南尹常㠯歲八月致羊酒時安帝始親政事朝廷多稱愷之德帝迺遣問起居厚加賞賜會馬英策罷尚書陳忠上疏薦愷曰臣聞三公上則台階下象山岳前書音義曰泰階者天之三階也上階爲天子中階爲諸侯公卿大夫下階爲士庶人春秋漢含孳曰三公象五岳股肱元首鼎足居職易曰鼎折足覆公餗鼎足三公之象協和陰陽調訓五品五品五常之教也三公燮理陰陽敬敷五教也考功量才㠯序庶僚遭烈風不迷遇迅雨不忒位莫重焉尚書納舜于大麓烈風雷雨不迷史記曰堯使舜入山林川澤暴風雨舜行不迷堯以爲聖也而今上司缺職未議其人臣竊差次諸卿考合衆議咸稱太常朱倀少府荀遷臣父寵前忝司空倀遷竝爲掾屬具知其能倀能說其經書而用心褊狹遷嚴毅剛直而薄於藝文伏見前司徒劉愷

沈重淵懿，道德博備，克讓爵土，致祚弱弟，躬浮雲之志，兼浩然之氣，孔子曰不義而富於我如浮雲孟子曰我善養浩然之氣而無怨害則塞乎天地之間也言愷有仲尼孟軻之德也頻歷二司，舉動得禮。二司謂爲司徒司空以疾致仕，側身里巷，處約思純，進退有度，百僚景式，海內歸懷。景慕以爲法式往者孔光、師丹，近世鄧彪、張酺，皆去宰相，復序上司。孔光成帝時丞相哀帝時免後以日食徵詣公車復爲丞相師丹哀帝時代王莽爲大司馬後爲大司空鄧彪明帝時爲太尉章帝元和元年賜策罷和帝即位以彪爲太傅錄尚書事張酺和帝永元五年爲太尉後策免十五年復爲司徒誠宜簡練卓異，以猒衆望。」書奏，詔引愷拜太尉。安帝初，清河相叔孫光坐臧抵罪，遂增錮二世，釁及其子。二代謂父子俱禁錮是時居延都尉范邠復犯臧罪，詔下三公、廷尉議。司徒楊震、司空陳襃、廷尉張皓議依光比。比類也以邠類叔孫光亦錮及子也比音庇愷獨以爲春秋之義，「善善及子孫，惡惡止其身」，所以進人於善也。公羊傳曰曹公孫會自鄸出奔宋畔也曷爲不言畔爲公子喜時之後諱也春秋爲賢者諱也何賢乎公子喜時讓國也君子之善善也長惡惡也短惡惡止其身善善及子孫賢者子孫故君子爲其諱也尚書曰：「上刑挾輕，下刑挾重。」今尚書呂刑篇曰上刑適輕下服下刑適重上服謂一罪俱發原其本情須有虧減故言適輕適重此言挾輕挾重意亦不殊但與今尚書不同耳如令使臧吏禁錮子孫以輕從重懼及善人左傳曰刑濫則懼及善人非先王詳刑之意也尚書周穆王曰有邦有土告汝詳刑鄭玄注云詳審察之也有詔太尉議是視事三年以疾乞骸骨久迺許之下河南尹禮秩如前歲餘卒于家詔使者護喪事賜東園祕器錢五十萬布千匹少子茂字叔盛亦好禮讓歷位出納出納謂尚書喉舌之官也出謂受上言宣於下納謂聽下言傳於上桓帝時爲司空會司隸校尉李膺等抵罪而南陽太守成瑨太原太守劉瓆下獄當死茂與太尉陳蕃司徒劉矩共上書訟之帝不悅有司承旨劾奏三公茂遂坐免建寧中復爲太中大夫卒於官

周磐字堅伯汝南安成人徵士爕之宗也爕自有傳祖父業建武初爲天水太守磐少游京師學古文尚書洪範五行左氏傳好禮有行非典謨不言諸儒宗之居貧養母儉薄不充嘗誦詩至汝墳之卒章慨然而歎韓詩曰汝墳辭家也其卒章曰魴魚頳尾王室如燬雖則如燬父母孔邇薛君章句頳赤也燬烈火也孔甚也邇近也言魴魚勞則尾赤君子勞苦則顏色變以王

室政教如烈火矣猶觸冒而仕者以父母甚迫近飢寒之憂爲此祿仕洒解韋帶就孝廉之舉以韋皮爲帶未仕之服也求仕則服革帶故解之賈山上書曰布衣韋帶之士也和帝初拜謁者除任城長遷陽夏重合令陽夏屬淮南郡重合屬勃海郡頻歷三城皆有惠政後思母棄官還鄉里及母歿哀至幾於毀滅服終遂廬於冢側教授門徒常千人公府三辟皆以有道特徵磐語友人曰昔方回支父嗇神養和不以榮利滑其生術嗇愛惜也滑亂也列仙傳曰方回堯時隱人也堯聘之練食雲母隱於五柞山至夏啟末爲人所劫閉之室中從求道回化而去高士傳曰堯舜各以天下讓支父支父曰予適有勞憂之病方且療之未暇理天下也莊子作支伯吾親以歿矣從物何爲遂不應物猶事也建光元年年七十三歲朝會集諸生講論終日歲朝歲旦因令其二子曰吾日者夢見先師東里先生與我講於陰堂之奧東南隅謂之奧陰堂幽暗之室又入其奧死之象也既而長歎豈吾齒之盡乎若命終之日桐棺足以周身外椁足以周棺斂形懸封濯衣幅巾斂形謂衣覆其形懸封謂直下棺不爲埏道也濯衣浣衣也不更新制幅巾不加冠也封音窆編二尺四寸簡寫堯典一篇并刀筆各一以置棺前示不忘聖道其月望日無病忽終學者以爲知命

焉磐同郡蔡順字君仲亦以至孝稱汝南先賢傳曰蔡順事母至孝井桔槔朽在母生年上而順憂不敢理之俄而有扶老藤生繞之遂堅固焉順少孤養母常出求薪有客卒至卒音千訥反母望順不還迺噬其指噬嚙也順卽心動棄薪馳歸跪問其故母曰有急客來吾噬指以悟汝耳母年九十以壽終未及得葬里中災火將逼其舍順抱伏棺柩號哭叫天火遂越燒它室順獨得免太守韓崇召爲東閤祭酒母平生畏雷自亡後每有雷震順輒圜冢泣曰順在此崇聞之每雷輒爲差車馬到墓所太守鮑衆舉孝廉順不能遠離墳墓遂不就年八十終於家

趙咨字文楚東郡燕人也燕故城今滑州胙城縣也古南燕之國也父暢爲博士咨少孤有孝行州郡召舉孝廉並不就延熹元年大司農陳猗舉咨至孝有道仍遷博士靈帝初太傅陳蕃大將軍竇武爲宦者所誅咨迺謝病去太尉楊賜特辟使飾巾出入請與講議以幅巾爲首飾不加冠冕舉高第累遷

敦煌太守㠯病免還躬率子孫耕農爲養盜嘗夜往劫之咨恐母驚懼迺先至門迎盜因請爲設食謝曰老母八十疾病須養居貧朝夕無儲乞少置衣糧妻子物餘一無所請盜皆慙歎跪而辭曰所犯無狀干暴賢者言畢奔出咨追㠯物與之不及由此益知名徵拜議郎辭疾不到詔書切讓州郡㠯禮發遣前後再三不得已應召復拜東海相之官道經滎陽令敦煌曹暠咨之故孝廉也（咨爲敦煌太守時薦暠爲孝廉）迎路謁候咨不爲留暠送至亭次望塵不及謂主簿曰趙君名重今過界不見必爲天下笑卽棄印綬追至東海謁咨畢辭歸家其爲時人所貴若此咨在官淸簡計日受奉豪黨畏其儉節視事三年㠯疾自乞徵拜議郎抗疾京師將終告其故吏朱祇蕭建等使薄斂素棺籍㠯黃壤（棺中置土以藉其屍也）欲令速朽早歸后土不聽子孫改之迺遺書勑子胤曰夫含氣之倫有生必終蓋天地之常期

自然之至數是㠯通人達士鑒茲性命㠯存亡爲晦明死生爲朝夕故其生也不爲娱亡也不爲戚夫亡者元氣去體貞魂游散反素復始歸於無端元氣天之氣也貞正也復旋也端際也太素太始天地之初也言人既死正魂游散反於太素旋於太始無復端際者也既巳消仆還合糞土土爲棄物豈有性情而欲制其厚薄調其燥溼邪但㠯生者之情不忍見形之毀迺有掩骼埋窆之制易曰古之葬者衣㠯薪藏之中野後世聖人易之㠯棺椁易繫辭之文也棺椁之造自黄帝始劉向曰棺椁之作自黄帝始案禮記曰殷人棺椁蓋至殷而加飾爰自陶唐逮於虞夏猶尚簡樸或瓦或木及至殷人而有加焉禮記有虞氏之瓦棺夏后氏之堲周殷人棺椁古史考曰禹作土堲以周棺堲音卽七反周室因之制兼二代復重㠯牆翣之飾禮記曰周人牆置翣盧植曰牆載棺車箱也三禮圖曰翣以竹爲之高二尺四寸廣二尺衣以白布柄長五尺葬時令人執之於柩車傍也表㠯旌銘之儀禮記曰銘明旌也以死者爲不可別故以其旗識之招復含斂之禮招復謂招魂復魄也含以玉珠實口也斂以衣服斂屍也禮記曰凡復男子稱名婦人稱字穀梁傳曰貝玉曰含禮記曰小斂於戶內大斂於阼也殯葬宅兆之期期謂諸侯五日而殯五月而葬大夫三日而殯三月而葬士二日而殯踰月而葬宅兆葬之塋域也棺椁周重之制禮記曰天子之棺四重鄭玄注云諸公三重諸侯再

重大夫一重士不重又曰君松椁大夫柏椁士雜木椁注云天子七重諸公四重諸侯三重大夫再重士一重也衣衾稱襲之數凡小斂諸侯大夫士皆用複衾君錦衾大夫縞衾士緇衾又曰天子襲十二稱諸公九稱諸侯七稱大夫五稱士三稱小斂尊卑同十九稱大斂天子百稱上公九十稱侯伯七十稱大夫五十稱士三十稱衣單複具曰稱其事煩而害實品物碎而難備然而秩爵異級貴賤殊等自成康以下其典稍乖至於戰國漸至瀆陵戰國當春秋時也瀆陵謂瀆廢陵遲法度衰毀上下僭雜終使晉侯請隧隧謂掘地爲埏道王之葬禮也諸侯則懸柩故請之也左傳晉文公朝于襄王請隧不許秦伯殉葬左傳秦伯任好卒任好秦繆公名也以子車氏奄息仲行鍼虎殉葬國人哀之爲賦黃鳥之詩也陳大夫設參門之木宋司馬造石椁之奢宋司馬桓魋也自爲石椁三年不成孔子曰若是其靡也死不如速朽之愈也見禮記爰曁暴秦違道廢德滅三代之制興淫邪之法國貲糜於三泉人力單於驪墓玩好窮於糞土伎巧費於窀穸窀厚也穸夜也厚夜猶長夜也秦始皇初即位營葬驪山役徒七十餘萬人下錮三泉宮觀百官奇器珍怪莫不畢備令匠作弩矢有所穿近矢輒射之以水銀爲百川江河大海上具天文以人魚爲膏燭事見史記自生民以來厚終之敝未有若此者雖有仲尼重明周禮謂周公制禮之後仲尼自衞反魯又定之也墨子勉以古道猶不能禦也禦止也言猶不能止其奢侈墨子曰古者聖人制爲葬埋之法棺三寸足以朽體衣衾三領足以覆惡堯葬卭之山滿坎無窆舜葬紀市禹葬會稽皆下不及泉上無遺臭三王者豈財用不足哉是以

華夏之士爭相陵尚違禮之本事禮之末務禮之華棄禮之實單家竭財以相營赴廢事生而營終亡替所養而爲厚葬（替廢也）豈云聖人制禮之意乎記曰喪雖有禮哀爲主矣又曰喪與其易也寧戚今則不然并棺合椁以爲孝愷豐貲重襚以昭惻隱（穀梁傳曰衣衾曰襚音遂）吾所不取也昔舜葬蒼梧二妃不從（二妃娥皇女英也禮記曰舜葬於蒼梧蓋二妃未之從也）豈有匹配之會守常之所乎聖主明王其猶若斯況於品庶禮所不及古人時同卽會（謂呂望爲太師死葬於周其子封於齊比五代皆反葬於周此時同則會也）時乖則別（謂舜葬於蒼梧二妃不從）動靜應禮臨事合宜王孫裸葬（王孫者楊王孫也臨終令其子曰吾死可爲布囊盛尸入地七尺既下從足脫其囊以身親土遂裸葬見前書）墨夷露骸（墨夷謂爲墨子之學者名夷之欲見孟子孟子曰吾聞墨之治喪以薄爲其道也蓋上世嘗有不葬其親者其親死則舉而委之於壑見孟子）皆達於性理貴於速變梁伯鸞父沒卷席而葬身亡不反其尸（梁伯鸞父護寓於北地而卒卷席而葬鴻後出關適吳及卒葬於吳要離冢傍）彼數子豈薄至親之恩亡忠孝之道邪況我鄙闇不德不敏薄意內昭志有所慕（薄微也）上同古人下不爲咎果必行之勿生

疑異恐爾等目厭所見耳諱所議必欲改殯以乖吾志故遠采古聖近揆行事以悟爾心但欲制坎令容棺椁棺歸即葬歸到東郡也平地無墳勿卜時日葬無設奠勿留墓側無起封樹於戲小子其勉之哉吾蔑復有言矣朱祗蕭建送喪到家謝承書曰咨在京師病困故吏蕭建經營之咨豫自買小素棺使人取乾黃土細擣篩之聚二十石臨卒謂建曰亡後自著所有故巾單衣先置土于棺內尸其中以擁其上子胤不忍父體與土并合欲更改殯祗建譬以顧命譬曉也於是奉行時稱咨明達

贊曰公子長平臨寇讓生淯于仁悌巨孝以名居巢好讀遂承家祿伯豫遂巡方迹孤竹文楚薄終喪朽惟速周能感親啻神養福感思也謂誦詩至汝墳思養親而求仕也啻神養福謂不應辟召以壽終也左傳曰能者養以之福

劉趙淳于江劉周趙列傳第二十九

後漢書三十九

後漢書四十上

唐章懷太子賢注

班彪列傳第三十上 自東都主人以下分爲下卷

班彪字叔皮扶風安陵人也祖況成帝時爲越騎校尉父稚哀帝時爲廣平太守 廣平郡今名州永平縣也隋室諱廣改焉 彪性沈重好古年二十餘更始敗三輔大亂時隗囂擁衆天水彪乃避難從之囂問彪曰往者周亡戰國並爭天下分裂數世然後定意者從横之事復起於今乎將承運迭興在於一人也願生試論之對曰周之廢興與漢殊異昔周爵五等諸侯從政本根既微枝葉彊大故其末流有從横之事埶數然也漢承秦制改立郡縣主有專己之威臣無百年之柄至於成帝假借外家 外家謂王鳳王商等並輔政領尚書事也 哀平短祚國嗣三絕 哀帝在位六年平帝在位五年故曰短祚成哀平俱無子是三絕也 故王氏擅朝因竊位號危自上起傷不及下 成帝威權借於外家是危自上起也漢德無害於百姓是傷不及下也 是曰卽眞之後天下莫不引領而歎十餘年間

中外搔擾遠近俱發假號雲合咸稱劉氏不謀同辭謂王郎盧芳等並詐稱劉氏也方今雄桀帶州域者皆無七國世業之資而百姓謳吟思仰漢德已可知矣囂曰生言周漢之埶可也至於但見愚人習識劉氏姓號之故而謂漢家復興疏矣昔秦失其鹿劉季逐而羈之時人復知漢乎太公六韜曰取天下如逐鹿鹿得天下共分其肉也彪既疾囂言又傷時方艱乃著王命論以爲漢德承堯有靈命之符王者興祚非詐力所致欲以感之而囂終不寤遂避地河西河西大將軍竇融以爲從事深敬待之接以師友之道彪乃爲融畫策事漢總河西以拒隗囂及融徵還京師光武問曰所上章奏誰與參之融對曰皆從事班彪所爲帝雅聞彪材因召入見舉司隸茂才拜徐令以病免司隸舉爲茂才也徐縣屬臨淮郡後數應三公之命輒去彪既才高而好述作遂專心史籍之閒武帝時司馬遷著史記自太初以後闕而不錄太初武帝年號後好事者頗或綴集時

事然多鄙俗不足㠯踵繼其書好事者謂揚雄劉歆陽城衛褚少孫史孝山之徒也彪乃繼採前史遺事傍貫異聞作後傳數十篇因斟酌前史而譏正得失其略論曰唐虞三代詩書所及世有史官㠯司典籍禮記曰動則左史書之言則右史書之見於史籍者夏太史終古殷太史向摯周太史儋也見呂氏春秋暨於諸侯國自有史左傳魯季孫召外史掌惡臣衛史華龍滑曰我太史也楚有左史倚相故孟子曰楚之檮杌晉之乘魯之春秋其事一也乘者興於田賦乘馬之事檮杌者嚚凶之類興於記惡之誡春秋以二始舉四時以記萬事遂各因以爲名其記事一也見趙岐孟子注定哀之間魯定公哀公也魯君子左丘明論集其文作左氏傳三十篇又撰異同號曰國語二十篇由是乘檮杌之事遂闇不行於時爲闇也其書今亡而左氏國語獨章又有記錄黃帝㠯來至春秋時帝王公侯卿大夫號曰世本一十五篇春秋之後七國並爭秦并諸侯則有戰國策三十三篇漢興定天下太中大夫陸賈記錄時功作楚漢春秋九篇孝武之世太史令司馬遷採左氏國語刪世本戰國策據楚漢列國時事上自黃帝下訖獲麟武帝泰始二年登隴首獲白麟遷作史記絕筆

於此年也作本紀世家列傳書表凡百三十篇而十篇缺焉十篇謂遷歿之後亡景紀武紀禮書樂書兵書將相年表日者傳三王世家龜策傳傅靳列傳遷之所記從漢元至武則以絕其功也至於採經摭傳分散百家之事甚多疏略不如其本務欲以多聞廣載為功論議淺而不篤其論術學則崇黃老而薄五經黃帝老子道家也五經儒家也遷序傳曰道家使人精神專一動合無形贍足萬物此謂崇黃老也又曰儒者博而寡要勞而少功此謂薄五經也序貨殖則輕仁義而羞貧窮史記貨殖傳序曰家貧親老妻子輭弱歲時無以祭祀飲食被服不足以自適如此不慙恥則無所比矣無巖處奇士之行而長貧賤語仁義亦足羞也道游俠則賤守節而貴俗功史記游俠傳序曰季次原憲行君子之德義不苟合當世當世亦笑之終身空室蓬戶褐衣疏食不厭今游俠其行雖不軌於正義然其言必信於行必果已諾必誠不愛其軀赴士之戹蓋有足道者今拘學或抱咫尺之義久孤於世豈若卑論儕俗與世沈浮而取榮名哉此其大敝傷道所以遇極刑之咎也極刑謂遷被腐刑也遷與任安書曰最下腐刑極矣然善述序事理辯而不華質而不野文質相稱蓋良史之才也誠令遷依五經之法言同聖人之是非意亦庶幾矣易曰顏氏之子其殆庶幾乎夫百家之書猶可法也若左氏國語世本戰國策楚漢春秋太史公書今之所以知古後之所由觀前聖

人之耳目也司馬遷序帝王則曰本紀公侯傳國則曰世家卿士特起則曰列傳又進項羽陳涉而黜淮南衡山謂遷著項羽本紀又陳涉起於隴畝數月被殺無子孫相繼著為世家淮南衡山漢室之王宜當世家而編之列傳言進退之失也細意委曲條例不經若遷之著作採獲古今貫穿經傳至廣博也一人之精文重思煩故其書刊落不盡尚有盈辭多不齊一刊削也謂削落繁蕪仍有不盡若序司馬相如舉郡縣著其字至蕭曹陳平之屬及董仲舒並時之人不記其字或縣而不郡者蓋不暇也史記衛青者平陽人也張釋之堵陽人並不顯郡之類也今此後篇慎覈其事整齊其文不為世家唯紀傳而已傳曰殺史見極平易正直春秋之義也彪復辟司徒玉況府玉音肅時東宮初建諸王國並開建武二十三年玉況為司徒十九年建明帝為太子十七年封諸王而官屬未備師保多闕彪上言曰孔子稱性相近習相遠也見論語賈誼以為習與善人居不能無為善猶生長於齊不能無齊言也習與惡人居不能無惡猶生長於楚不能無楚言也賈誼上疏之辭是以聖人審所

與居而戒愼所習昔成王之爲孺子出則周公召公太史佚入則太顚閎天南宮括散宜生左右前後禮無違者左傳曰自郊勞至於贈賄禮無違者故成王一日卽位天下曠然太平是以春秋愛子教以義方不納於邪驕奢淫佚所自邪也左傳衛大夫石碏諫衛莊公之辭也詩云詒厥孫謀以宴翼子言武王之謀遺子孫也詩大雅也詒遺也宴安也翼敬也言文王遺其孫以善謀武王以安敬之道遺其子子謂成王也漢興太宗使鼂錯導太子以法術文帝時鼂錯爲博士上言曰人主所以顯功揚名者以知術數也今皇太子所讀書多矣而未知術數願陛下擇聖人之術以賜太子上善之拜錯爲太子家令賈誼教梁王以詩書賈誼爲梁王太傅梁王文帝之少子名揖愛而好書故令誼傅之及至中宗亦令劉向王褒蕭望之周堪之徒以文章儒學保訓東宮以下中宗宣帝也時元帝爲太子宣帝使王褒劉向張子僑等之太子宮娛侍太子朝夕讀誦蕭望之爲太傅周堪爲少傅並見前書莫不崇簡其人就成德器令皇太子諸王雖結髮學問修習禮樂而傅相未置賢才官屬多闕舊典宜博選名儒有威重明通政事者以爲太子太傅東宮及諸王國備置官屬又舊制太子食湯沐十縣設周衛交戟五日

一朝因坐東廂省視膳食其非朝日使僕中允旦旦請問而已明不媟黷廣其敬也漢官儀曰皇太子五日一至臺因坐東廂省視膳食以法制勑大官尚食宰吏其非朝日使僕中允旦旦請問明不媟黷所以廣敬也太子僕一人秩千石中允一人四百石主門衞徼巡書奏帝納之後察司徒廉爲望都長吏民愛之察舉也司徒薦爲廉建武三十年年五十二卒官所著賦論書記奏事合九篇二子固超超別有傳

論曰班彪以通儒上才傾側危亂之間行不踰方論語孔子曰可謂仁之方鄭玄注云方猶道也言不失正仕不急進貞不違人敷文華以緯國典守賤薄而無悶容彼將以世運未弘非所謂賤焉恥乎何其守道恬淡之篤也孔子曰邦有道貧且賤焉恥也言彪當中興之初時運未泰故不以貧賤爲恥何守道清靜之固也恬淡猶清靜也篤固也

固字孟堅年九歲能屬文誦詩書及長遂博貫載籍九流百家之言無不窮究九流謂道儒墨名法陰陽農雜縱橫所學無常師不爲章句舉大義而已性寬和容衆不以才能高人諸儒以此慕之謝承書曰固年十三王充見之拊其背謂彪曰此兒必記漢事

平初東平王蒼以至戚爲驃騎將軍輔政開東閤延英雄時固始弱冠奏記說蒼曰（奏進也記書也前書待詔鄭朋奏記於蕭望之奏記自朋始也）將軍以周召之德立乎本朝承休明之策建威靈之號（號驃騎將軍也）昔在周公今也將軍詩書所載未有三此者也（唯蒼與周公二人而已）傳曰必有非常之人然後有非常之事有非常之事然後有非常之功（司馬相如喻蜀之辭）固幸得生於清明之世豫在視聽之末私以螻螘竊觀國政（螻螘謂細微也）誠美將軍擁千載之任躡先聖之蹤（千載謂自周公至明帝時千餘載也先聖謂周公也）體弘懿之姿據高明之埶博貫庶事服膺六埶白黑簡心求善無厭（淮南子曰聖人見是非若白黑之别於目左傳曰求善不厭）採擇狂夫之言不逆負薪之議（負薪賤人也三略曰負薪之語廊廟之言也）竊見幕府新開廣延羣俊四方之士顛倒衣裳（詩曰東方未明顛倒衣裳言士爭歸之急遽也）將軍宜詳唐殷之舉察伊皋之薦（舜舉皋陶湯舉伊尹）令遠近無偏幽隱必達期於總覽賢才收集明智爲國得人以寧本朝則將軍養志和神優游廟堂光名宣於當世

遺烈著於無窮竊見故司空掾桓梁宿儒盛名冠德州里七十從心行不踰矩論語孔子曰七十而從心所欲不踰矩言恣心之所爲皆闇合於法則蓋清廟之光輝當世之俊彥也詩周頌曰於穆清廟肅雝顯相濟濟多士執文之德鄭玄注曰顯光也言桓梁可參多士助祭於清廟爲光輝也爾雅曰髦俊也美士爲彥京兆祭酒晉馮結髮修身白首無違好古樂道玄默自守古人之美行時俗所莫及扶風掾李育育字元春見儒林傳經明行著教授百人客居杜陵茅室土階京兆扶風二郡更請徒以家貧數辭病去溫故知新論議通明廉清修潔行能純備雖前世名儒國家所器韋平孔翟無以加焉韋賢平當孔光翟方進也流俗本平字作玄誤宜令考績以參萬事京兆督郵郭基孝行著於州里經學稱於師門政務之績有絕異之效如得及明時秉事下僚進有羽翮奮翔之用退有杞梁一介之死說苑曰趙簡子遊於西河而歎曰安得賢士而與處焉舟人吉桑對曰鴻鵠高飛所恃者六翮也背上之毛腹下之毳加之滿把飛不能爲之益高不知門下左右客千人亦有六翮之用乎將盡毛毳也又曰齊莊公攻莒杞梁與華周進鬭壞軍陷陣三軍不敢當至莒城下殺二十七人而死也涼州從事王雍躬卞嚴之節文之以術藝卞嚴卞莊子也新序曰卞莊子

（好勇養母戰而三北交游非之國君辱之莊子受命顏色不變及母死三年齊與魯戰莊子請從至見於將軍曰初獨與母處是以戰而三北今母沒矣請塞責遂赴敵而鬭獲甲首而獻曰夫三北以養母也吾聞之節士不以辱生遂殺十人而死論語孔子曰卞莊子之勇冉求之藝文之以禮樂）涼州冠蓋未有宜先雍者也古者周公一舉則三方怨曰奚爲而後己（孫卿子曰周公東征西國怨曰何獨不來也南征而北國怨曰何獨後我也）宜及府開以慰遠方弘農功曹史殷肅（固集殷作段）達學洽聞才能絕倫誦詩三百奉使專對此六子者皆有殊行絕才德隆當世如蒙徵納以輔高明此山梁之秋夫子所爲歎也（秋猶時也論語孔子曰山梁雌雉時哉）昔卞和獻寶以離斷趾（離被也斷趾刖足也事見韓子）靈均納忠終於沈身（屈原字靈均納忠於楚忠不見信自沈於汨羅之水而死）而和氏之璧千載垂光屈子之篇萬世歸善願將軍隆照微之明信日昃之聽（信音申）少屈威神咨嗟下問令塵埃之中永無荆山汨羅之恨蒼納之父彪卒歸鄉里固以彪所續前史未詳乃潛精研思欲就其業既而有人上書顯宗告固私改作國史者有詔下郡收固繫京兆獄盡取其家書先是扶風人蘇朗僞言圖讖

事下獄死固弟超恐固爲郡所覈考不能自明乃馳詣闕上書得
召見具言固所著述意而郡亦上其書顯宗甚奇之召詣校書部
前書固叙傳曰永平中爲郎典校祕書除蘭臺令史漢官儀曰蘭臺令史六人秩百石掌書劾奏與前睢陽令陳宗長陵
令尹敏司隸從事孟異共成世祖本紀遷爲郎典校祕書固又撰
功臣平林新市公孫述事作列傳載記二十八篇奏之帝乃復使
終成前所著書固以爲漢紹堯運以建帝業至於六世史臣六代謂武帝史
臣謂司馬遷也乃追述功德私作本紀編於百王之末厠於秦項之列史記起自黃帝
漢最居其末也太初以後闕而不録故探撰前記綴集所聞以爲漢書起元
高祖終于孝平王莽之誅十有二世二百三十年高惠呂后文景武昭宣元成哀平十二代也并
王莽合二百三十年綜其行事傍貫五經上下洽通爲春秋考紀表志傳凡百
篇紀十二表八志十列傳七十合百篇前書音義曰春秋考紀謂帝紀也言考覈時事具四時以立言如春秋之經固自永中始受詔潛
精積思二十餘年至建初中乃成當世甚重其書學者莫不諷誦

焉自爲郎後遂見親近時京師修起宮室濬繕城隍而關中耆老猶望朝廷西顧固感前世相如壽王東方之徒造搆文辭終呂諷勸相如作上林子虛賦吾丘壽王作士大夫論及驃騎將軍頌東方朔作客難及非有先生論其辭竝以諷諭爲主也乃上兩都賦盛稱洛邑制度之美呂折西賓淫侈之論其辭曰有西都賓問於東都主人曰中興都洛陽故以東都爲主而謂西都爲賓也葢聞皇漢之初經營也嘗有意乎都河洛矣輟而弗康實用西遷作我上都主人聞其故而覩其制乎皇大也尚書曰厥既得吉卜則經營高祖五年劉敬說上都關中上疑之左右大臣皆山東人多勸都洛陽此爲有意都河洛矣張良曰洛陽其中小不過數百里四面受敵非用武之國關中金城千里天府之國也於是上即日西都關中此爲輟而弗康也輟止也康安也主人曰末也願賓攄懷舊之蓄念發思古之幽情廣雅曰攄舒也博我呂皇道弘我呂漢京賓曰唯唯漢之西都在于雍州實曰長安前書音義曰長安本秦之鄉名高祖都焉左據函谷二崤之阻表呂泰華終南之山函谷關名也左傳曰崤有二陵其南陵夏后皋之墓其北陵文王之所避風雨故曰二崤太華山也山海經曰華首之西六十里曰太華終南長安南山也詩曰終南何有注云終南周之名山中南也右界褒斜隴首之險帶呂洪河涇渭之川褒斜谷名南口曰褒北口曰斜在今梁州隴首山名在今秦州

洪大也

華實之毛則九州之上腴焉防禦之阻則天下之奧區焉

華實之毛謂草木也左傳曰食土之毛前書曰秦地九州膏腴尚書雍州厥田上上防禦謂關禁也揚雄衛尉箴曰設置山險盡爲防禦奧深也言秦地險固爲天下深奧之區域

是故橫被六合三成帝畿

前書音義曰關西爲橫被猶及也呂氏春秋曰神明通于六合高誘注云四方上下爲六合周禮曰方千里曰王畿三成謂周秦漢並都之也

周以龍興秦以虎視及至大漢受命而都之也

龍興虎視喻盛彊也孔安國尚書序曰漢室龍興易曰虎視眈眈

仰寤東井之精俯協河圖之靈

寤猶曉也協合也高祖至霸上五星聚于東井又河圖曰帝劉季日角戴勝斗胸龍股長七尺八寸昌光出軫五星聚井期之興天授圖地出道于張兵鈐劉季起東井秦之分野明漢當代秦都關中

奉春建策留侯演成

奉春君婁敬也春者四時之始婁敬亦始建遷都之策故以號焉留侯張良也蒼頡篇曰演者引也

天人合應以發皇明乃眷西顧實惟作京

天謂五星聚東井也人謂婁敬等進說也皇明謂高祖也西顧謂入關也詩云乃眷西顧

於是睎秦領睋北阜挾酆霸據龍首

睎望也音希睋視也音蛾秦領在今藍田東南北阜即今三原縣北有高阜東西橫亘者是也酆水出鄠縣南山豐谷霸水出藍田谷三秦記曰龍首山六十里頭入渭水尾達樊川在傍曰挾在上曰據也

圖皇基於億載度宏規而大起肇自高而終平世增飾以崇麗歷十二之延祚故窮奢而極侈

肇始也始自高祖終於平帝爲十二代也

建金城其萬雉呀周池而成淵披三條之廣路立十二之通門

金城言堅固也張良曰金城千里杜

預注左傳云方丈爲堵三堵爲雉字林曰呀大空也音火加反周禮國方九里旁三門每門爲大路故曰三條鄭玄注周禮云司門若今城門校尉主王城十二門也内則街衢洞達閭閻且千九市開場貨別隧分人不得顧車不得旋闐城溢郭傍流百廛紅塵四合煙雲相連字林曰閭里門也閻里中門也且千言多也漢宮闕疏曰長安九市其六在道西三在道東隧列肆道也鄭玄注禮記曰廛市邸舍也於是既庶且富娛樂無疆都人士女殊異乎五方游士擬於公侯列肆侈於姬姜論語子適衛冉有僕子曰庶矣哉冉有曰既庶矣又何加焉曰富之詩周頌云惠我無疆疆境也詩小雅曰彼都人士毛萇注云城郭之域曰都五方謂四方及中央也前書曰秦地五方雜錯鄭玄注周禮曰肆市中陳物處也杜元凱注左傳云姬姜大國之女也鄉曲豪俊游俠之雄節慕原嘗名亞春陵連交合衆騁騖乎其中豪俊游俠謂朱家郭解原涉之類也原嘗謂平原君趙勝孟嘗君田文也春陵謂春申君黃歇信陵君無忌也並招致賓客名高天下也若乃觀其四郊浮游近縣則南望杜霸北眺五陵名都對郭邑居相承英俊之域紱冕所興冠蓋如雲七相五公浮游謂周流也杜霸謂杜陵霸陵在城南故南望也五陵謂長陵安陵陽陵茂陵平陵在渭北故北眺也並徙人以置縣邑故云名都對郭蒼頡篇曰紱綬也冕冠也其所徙者皆豪右富貲吏二千石故多英俊冠蓋之人如雲言多也詩曰出其東門有女如雲七相謂丞相車千秋長陵人黃霸王商並杜陵人也韋賢平當魏相王嘉並平陵人也五公謂田蚡爲太尉長陵人張安世爲大司馬朱博爲司空並杜陵人平晏爲司徒韋賢爲大司馬並平陵人也與乎州郡之豪傑五

都之貨殖三選七遷充奉陵邑蓋以彊幹弱枝隆上都而觀萬國前書音義曰五都謂洛陽邯鄲臨淄宛成都也三選選三等之人謂從吏二千石及高貲富人及豪傑并兼之家於諸陵蓋以彊幹弱枝非獨爲奉山園也晃前書自元帝已後不遷故唯七焉爾雅曰觀指示也選或爲從義亦通封畿之內厥土千里逴躒諸夏兼其所有前書曰秦地沃野千里人以富饒逴躒猶超絕也逴音卓躒音呂角反諸夏謂中國也其陽則崇山隱天幽林穹谷陸海珍藏藍田美玉商洛緣其隈鄠杜濱其足穹谷深谷東方朔曰漢興去三河之地止霸滻之西都涇渭之南此謂天下陸海之地也范子計然曰玉出藍田商及上洛皆縣名隈山曲也濱猶近也鄠杜二縣名近南山之足爾雅云麓山足也源泉灌注陂池交屬竹林果園芳草甘木郊野之富號曰近蜀孔安國注尚書曰澤障曰陂停水曰池前書曰巴蜀土肥美有山林竹樹蔬食果實之饒今南山亦有之與巴蜀相類故曰近蜀爾雅曰邑外曰郊郊外曰野其陰則冠以九嵕陪以甘泉乃有靈宮起乎其中秦漢之所極觀淵雲之所頌歎於是乎存焉陰謂北也九嵕山尤高峻故稱冠云甘泉山在雲陽北秦始皇於上置林光宮漢又起甘泉宮益壽延壽館通天臺故云秦漢之所極觀王褒字子淵作甘泉頌楊子雲作甘泉賦故云淵雲頌歎下有鄭白之沃衣食之源隄封五萬疆埸綺分溝塍刻鏤原隰龍鱗決渠降雨荷臿成雲五穀垂穎桑麻敷棻史記曰韓使水工鄭國說秦令引涇水爲渠傍北山東注洛溉田四萬餘頃名曰鄭國渠武帝時趙中大

夫白公奏穿渠引涇水首起谷口尾入櫟陽溉田四千餘頃因名白渠時人歌之曰田於何所池陽谷口鄭國在前白渠起後舉臿爲雲決渠爲雨涇水一石其泥數斗且溉且糞長我禾黍衣食京師億萬之口前書曰天子畿方千里隄封百萬井音義曰隄謂積土爲封限也音丁兮反廣雅曰埸界也音亦周禮曰夫間有遂十夫有溝說文曰塍田畦也音繩刻鏤謂交錯如鏤也爾雅曰高平曰原下濕曰隰言如龍鱗之五色也五穀黍稷菽麥稻也爾雅曰禾穗謂之穎爾雅曰敷布也棻茂盛也音芬

東郊則有通溝大漕潰渭洞河泛舟山東控引淮湖與海通波漕水運也蒼頡篇曰潰傍決也前書武帝穿漕渠通渭史記曰滎陽下引河東南爲鴻溝以與淮泗會

西郊則有上囿禁苑林麓藪澤陂池連乎蜀漢繚以周牆四百餘里離宮別館三十六所神池靈沼往往而在上囿謂林苑也穀梁傳曰林屬於山爲麓鄭玄注周禮曰澤無水曰藪繚猶繞也音了三輔黃圖曰上林有建章承光等一十一宮平樂繭觀等二十五凡三十六所三秦記曰昆明池中有神池通白鹿原詩曰王在靈沼

其中乃有九真之麟大宛之馬黃支之犀條枝之鳥踰崑崙越巨海殊方異類至三萬里宣帝詔曰九真郡獻奇獸晉灼漢書注云駒形麟色牛角武帝時李廣利斬大宛王首獲汗血馬來又黃支國自三萬里貢生犀條枝國臨西海有大鳥卵如甕條枝與安息接武帝時安息國發使來獻之又曰崑崙山高二千五百里並見前書

其宮室也體象天地經緯陰陽據坤靈之正位放泰紫之圓方圓象天方象地南北爲經東西爲緯楊雄司空箴曰普彼坤靈侔天作合放象也太紫謂太微紫宮也劉向七略曰明堂之制內有太室象紫宮南出明堂象太微春秋合誠圖曰太微其星十二四方史記天官書曰環之匡衛十二星藩臣皆曰紫宮是太微方而紫宮圓也

樹天中之華闕，豐冠山之朱堂，因瑰材而究奇，抗應龍之虹梁，列棼橑㠯布翼，荷棟桴而高驤。列子曰周穆王作中天之臺說文曰闕門觀也前書蕭何作東闕北闕豐大也冠山謂在山之上也䄙蒼曰瑰瑋珍奇也廣雅曰有翼曰應龍梁作應龍之形而又曲如虹也說文曰棼複屋之棟橑椽也翼屋之四阿也荷負也驤舉也爾雅曰棟謂之桴音浮雕玉瑱㠯居楹，裁金璧㠯飾璫，發五色之渥彩，光爓朗㠯景彰。廣雅曰磌礩也音田瑱與磌通楹柱也雕玉以礩以承柱也上林賦曰華榱璧璫韋昭注曰璫榱頭也渥光潤也爓音豔於是左墄右平，重軒三階，閨房周通，門闥洞開，列鍾虡於中庭，立金人於端闈，仍增崖而衡閾，臨峻路而啓扉。摯虞決疑要注曰墄者為階級平者以文塼相亞次也域亦作墄言階級勒墄然音七則反王逸楚辭注曰軒樓板也周禮夏后氏世室九階鄭玄注云南面三階三面各二也爾雅曰宮中之門謂之闈小者謂之閨虡以懸鍾也史記秦始皇收天下兵器聚之咸陽銷以為金人十二置宮中端闈宮正門也三輔黃圖曰秦宮殿端門四達以則紫宮仍因也衡橫也閾門限徇㠯離殿別寢，承㠯崇臺閑館，煥若列星，紫宮是環。徇猶繞也崇高也閑音閑煥明也言周回宮館明若列星之環繞紫宮也環協韻音宦清涼宣溫，神仙長年，金華玉堂，白虎麒麟，區宇若茲，不可殫論。三輔黃圖曰未央宮有清涼殿宣室殿中溫室殿金華殿大玉堂殿中白虎殿麒麟殿長樂宮有神仙殿殫盡也增槃業峨，登降炤爛，殊形詭制，每各異觀，乘茵步輦，惟所息宴。增重也槃屈也業峨高也業音五臘反峨音我詭異也茵褥也駕人曰輦後宮則有掖庭椒房后妃之室合歡增成安處常寍茝若椒風披香發越蘭林蕙草鴛鸞飛翔之列漢官儀曰婕妤以下皆居掖庭三輔黃圖曰長樂宮有椒房殿前書曰班婕妤居增成舍桓譚新論曰董賢女弟爲昭儀居舍號曰椒風漢宮閣名長安有披香殿鴛鸞殿飛翔殿餘未詳昭陽特盛隆乎孝成屋不呈材牆不露形裛以藻繡絡以綸連隨侯明月錯落其間金釭銜璧是爲列錢翡翠火齊流燿含英懸黎垂棘夜光在焉昭陽殿成帝趙昭儀所居也說文曰裛纏也音於業反綸糾青絲綬也綸或作編淮南子曰隨侯之珠和氏之璧高誘注云隨侯行見大虵傷以藥傅之後虵銜珠以報之因曰隨侯珠說文曰釭轂鐵也音江又音工謂以黃金爲釭其中銜璧納之於璧帶爲行列歷歷如錢也前書曰昭陽殿璧帶往往爲黃金釭函藍田玉璧明珠翠羽飾之異物志曰翠鳥形如燕赤而雄曰翡青而雌曰翠其羽可以飾幃帳韻集曰火齊珠也戰國策曰應侯謂秦王曰梁有懸黎左傳曰晉荀息請以垂棘之璧假道於虞言懸黎垂棘之玉並夜有光輝也於是玄墀釦切玉階彤庭碝磩采緻琳珉青熒珊瑚碧樹周阿而生前書曰昭陽殿中庭彤朱而殿上髹漆髹音休漆黑故曰玄墀殿上地也又曰切皆銅沓黃金塗白玉階釦音口碝磩琳珉並石次玉者碝音而兗反磩音戚綵緻其文理密也青熒其光色也漢武故事曰武帝起神堂植玉樹葺珊瑚爲枝以碧玉爲葉淮南子曰崑崙山有碧樹在其北高誘注云碧青石也謂以珠玉假爲樹而植之於殿曲阿曲也紅羅颯纚綺組繽紛精曜華燭俯仰如神薛綜西京賦注颯纚長袖貌颯音素合反纚音山綺反綺文繒也組綬也繽紛盛貌燭照也言精采華飾照曜也戰國策張儀謂秦

王曰彼周鄭之女粉白黛黑立於衢非知而見之者以爲神也後宮之號十有四位窈窕繁華更盛迭貴處乎斯列者蓋以百數前書曰漢興因秦之稱號正嫡稱皇后妾皆稱夫人凡十四等有昭儀婕妤娙娥傛華美人八子充衣七子良人長使少使五官順常是爲十三等又有無涓共和娛靈保林良使夜君秩祿同共爲一等合十四位也窈窕幽閑也繁華美麗也百數謂以百而數之也左右廷中朝堂百僚之位蕭曹魏邴謀謨乎其上蕭何曹參並沛人魏相字弱翁濟陰人邴吉字少卿魯國人並爲丞相佐命則垂統輔翼則成化流大漢之愷悌蕩亡秦之毒螫李陵書曰其餘佐命立功之士司馬相如曰垂統理順易繼也統業也禮記曰保者愼其身以輔翼之愷樂也悌易也楊雄長楊賦曰今朝廷出愷悌行簡易王褒四子講德論曰秦之處位任政者並施毒螫前書曰孝惠高后之時海內得離戰國之苦君臣俱欲無爲而天下晏然衣食滋殖又曰近觀漢相高祖開基蕭曹爲冠孝宣中興邴魏有聲是時黜陟有序衆職修理公卿多稱其位海內興於禮讓也故令斯人揚䌛樂之聲作畫一之歌功德著於祖宗膏澤洽于黎庶孔叢子曰古之帝王功成作樂其功善者其樂和前書曰蕭何薨曹參代之百姓歌之曰蕭何爲法較若畫一曹參代之守而勿失祖宗謂高祖中宗也又有天祿石渠典籍之府命夫諄誨故老名儒師傅講論乎六藝稽合乎同異三輔故事曰天祿石渠並閣名在未央宮北以閣祕書諄誨謂殷勤教告也詩大雅曰誨爾諄諄鄭玄注云我教告王口語諄諄然諄音之純反六蓺謂詩書禮樂易春秋也稽考也前書甘露中詔諸儒講五經同異令蕭望之平奏其議又有承明金馬著作之庭大雅宏達於茲爲羣元元本本

周見洽聞啓發篇章校理祕文承明殿前之廬也金馬署名也門有銅馬故名金馬門待詔者皆居之宏亦大也元其元本其本祕文祕書也孝經鉤命決曰巨㧑祕文也周以鉤陳之位衞以嚴更之署總禮官之甲科羣百郡之廉孝周環也前書音義曰鉤陳紫宮外星也宮衞之位亦象之嚴更之署行夜之司也禮官奉常也有博士掌試策考其優劣爲甲乙之科郎前書曰太常以公孫弘爲下第是也言百郡舉全數前書又曰興廉舉孝虎賁贅衣閹尹閽寺陛戟百重各有攸司虎賁宿衞之臣贅衣主衣之官贅綴也音之銳反尚書曰綴衣虎賁閹尹閽寺並宦官周禮有閽人寺人陛戟執戟於陛也百重言多也攸所也司主也協韻音何周廬千列徼道綺錯廬謂宿衞之廬周於宮也千列言多也史記衞令曰周廬設卒甚謹徼道徼巡之道綺錯交錯也前書曰中尉掌徼巡京師也輦路經營脩涂飛閣前書音義曰輦道閣道也涂亦塗也古字通用自未央而連桂宮北彌明光而亘長樂陵隥道而超西墉混建章而外屬設璧門之鳳闕上觚稜而棲金雀未央宮在西長樂宮在東桂宮明光宮在北言飛閣相連也隥陛級也音丁鄧反墉城也混同也建章宮在城西屬連也前書曰建章宮其東則鳳闕門高二十餘丈其南有璧門之屬說文曰觚稜殿堂上最高之處也觚音孤稜音力登反其上棲金雀焉三輔故事曰建章宮闕上有銅鳳凰即金雀也內則別風之嶕嶢眇麗巧而竦擢張千門而立萬戶順陰陽以開闔三輔故事曰建章宮東有折風闕闕中記曰折風一名別風嶕嶢高也嶕音焦嶢音堯前書曰建章宮庭爲千門萬戶闔謂之陰開謂之陽易曰闔戶謂之坤闢戶謂之乾爾乃正殿崔巍層構厥高臨乎未

央經駘盪而出馺娑洞枍詣與天梁上反宇以葢戴激日景而納光正殿卽前殿也層重也臨乎未央言高之極也關中記建章宮有駘盪馺娑枍詣殿天梁亦宮名也駘音殆盪音蕩馺音素合反娑音素可反枍音烏計反爾雅曰葢戴覆也反宇謂飛檐上反也激日謂日激入於殿內也神明鬱其特起遂偃蹇而上躋軼雲雨於太半虹霓迴帶於棼楣雖輕迅與僄狡猶愕眙而不敢階神明臺名也躋升也偃蹇高貌也軼過也前書音義曰凡數三分有二爲太半說文曰棼棟也爾雅曰楣謂之梁郭璞云門戶上橫梁也方言曰僄輕也音匹妙反鄭玄注禮記曰狡疾也字書曰愕驚也音五各反字林曰眙驚貌也音刃吏反攀井幹而未半目眴轉而意迷舍櫺檻而卻倚若顛墜而復稽魂怳怳以失度巡迴塗而下低井幹樓名也前書曰武帝作井幹樓高五十丈輦道相屬焉蒼頡篇曰眴視不明也音眩櫺檻樓上欄楯也櫺音零稽留也既懲懼於登望降周流以彷徨步甬道以縈紆又杳窱而不見陽淮南子曰甬道相連高誘注云甬道飛閣複道也廣雅曰窈窱深也杳與窈通窱音他鳥反陽明也既創前之登望乃下巡于複道宮宇深邃又不見明也排飛闥而上出若游目於天表似無依之洋洋飛闥閣上門也王逸注楚辭曰洋洋無所歸貌前唐中而後太液攬滄海之湯湯揚波濤於碣石激神嶽之嶈嶈濫瀛洲與方壺蓬萊起乎中央前書曰建章宮其西唐中數十里音義曰唐庭也其北太液池中有蓬萊方丈瀛洲壺梁象海中神山湯湯流貌也蒼頡篇曰濤大

波也碣石海畔山也說文曰濫泛也列子曰海中有神山一曰岱輿二曰員嶠三曰方壺四曰瀛洲五曰蓬萊於是靈草冬榮神木叢生巖峻崔崒金石崢嶸靈草神木謂不死藥也史記曰海中神山仙人不死藥在焉崢嶸高峻也崔音徂回反崒音才律反崢音仕耕反嶸音宏抗僊掌以承露擢雙立之金莖軼埃壒之混濁鮮顥氣之清英前書曰武帝時作銅柱承露仙人掌之屬三輔故事云建章宮承露盤高二十丈大七圍以銅爲之上有仙人掌承露和玉屑飲之金莖卽銅柱也軼過也埃壒塵也鮮潔也說文曰顥白貌音皓騁文成之丕誕馳五利之所刑庶松喬之羣類時游從乎斯庭實列僊之攸館匪吾人之所寧丕大也誕欺也前書曰齊人李少翁以方士見上上拜爲文成將軍言於上曰卽欲與神通宮室被服非象神神物不至乃作甘泉宮中爲臺畫天地泰一諸鬼神而置祭具以致天神又曰膠東人欒大多方略而敢爲大言言曰臣常往東海中見安期羨門之屬乃拜爲五利將軍刑法也列仙傳曰赤松子者神農時雨師也服水玉以教神農又曰王子喬者周靈王太子晉道士浮丘公接以上嵩山爾乃盛娛游之壯觀奮大武乎上囿因茲以威戎夸狄耀威而講事大武謂大陳武事也月令孟冬之月天子乃命將帥講武習射御也命荊州使起鳥詔梁野而驅獸毛羣內闐飛羽上覆接翼側足集禁林而屯聚荊州江湘之地其俗習於捕鳥故使起之梁野巴漢之人其俗習於逐獸故使其人驅之闐音田聚音才諭反水衡虞人理其營表種別羣分部曲有署前書曰上林苑屬水衡都尉虞人掌山澤之官周禮曰虞人萊所田之野爲表鄭司農曰表所以識正行

列也續漢書將軍領軍皆有部大將軍營五部部校尉一人部下有曲曲有軍候一人也罘罔連紘籠山絡野列卒周帀星羅雲布鄭玄注禮記曰獸罟曰罘音浮紘罘之綱於是乘鑾輿備法駕帥羣臣披飛廉入苑門蔡邕獨斷曰天子至尊不敢渫瀆言之故託於乘輿天子車駕有大駕法駕小駕大駕則公卿奉引備千乘萬騎法駕公卿不在鹵簿中惟執金吾奉引侍中驂乘飛廉館名武帝所作前書音義曰飛廉神禽能致風氣身似鹿頭如雀有角而蛇尾文如豹文於館上作之因以名焉遂繞酆鄗歷上蘭六師發冑百獸駭殫震震爚爚雷奔電激艸木塗地山淵反覆蹂蹸其十二三乃拗怒而少息酆文王所都在鄠縣東鄗武王所都在上林苑中三輔黃圖云上林苑有上蘭觀尚書曰司馬掌邦政統六師又曰百獸率舞駭殫言驚懼也震震爚爚奔走貌爚音躍塗污也反覆猶傾動也車騎既多視之眩亂有似傾動蹂踐也音汝九反蹸轢也音力刃反拗猶抑也音於六反言且抑六師之怒而少停也爾乃期門佽飛列刃鑽鍭要趹追蹤鳥驚觸絲獸駭値鋒機不虛掎弦不再控矢無單殺中必疊雙颮颮紛紛矰繳相纏風毛雨血灑野蔽天前書曰武帝與北地良家子期於殿門故號期門又曰募佽飛射士音義佽飛本秦左弋官也武帝改爲佽飛官有一令九丞在上林中紡矰繳弋鳧鴈歲萬頭以供宗廟蒼頡篇曰攢聚也鑽與攢通爾雅曰金鏃翦羽謂之鍭音侯廣雅曰趹奔也音決機弩牙也說文曰掎偏引也音居綺反颮颮紛紛衆多也說文曰颮古飆字鄭玄注周禮曰結繳於矢謂之矰矰高也平原赤勇士厲猨狖失木豺狼懾竄郭璞注山海經曰猿似猴而大臂長便捷色黑蒼頡書曰狖似狸音以救反淮南子曰猨狖顚

蹷而失木枝條懾懼也音之葉反竄走也協韻音七外反爾乃移師趨險竝蹈潛穢窮虎奔突狂兕觸
蹷潛深也穢謂榛蕪之林虎兕之所居也爾雅曰兕似牛郭璞曰一角青色重千斤廣雅曰蹷跳也音居衛反許少施巧秦成力折掎
僄狡扼猛噬脫角挫脰徒搏獨殺許少秦成竝未詳僄狡獸之輕捷者說文曰搤捉也音戹搤與扼通噬嚙挫折也脰頸也徒空
也謂空手搏殺之也爾雅曰暴虎徒搏也殺音所界反挾師豹拖熊螭頓犀犛曳豪羆超迴壑越峻
崔蹷巉巖鉅石隤松柏仆叢林摧草木無餘禽獸殄夷師師子也說文曰拖曳也音徒
可反杜預注左傳云螭山神獸形郭璞注山海經曰犀似牛而猪頭黑色有三角一在頂上一在額上一在鼻上犛牛黑色出西南徼外犛音力之反爾雅曰羆似熊而黃巉巖山石高峻之貌也
殄盡也夷猶殺也於是天子乃登屬玉之館歷長楊之榭覽山川之體埶觀
三軍之殺獲原野蕭條目極四裔禽相鎮厭獸相枕藉前書宣帝幸萯陽宮屬玉觀音
義曰屬玉水鳥也似鵁鶄於觀上作之因以名焉三輔黃圖曰上林有長楊宮鄭玄注禮記曰土高曰臺有木曰榭獲協韻音胡卦反楚詞曰山蕭條而無獸然後收禽
會衆論功賜胙陳輕騎以行炰騰酒車而斟酌割鮮野食舉燧命
爵胙餘肉也左傳曰歸胙于公詩小雅曰炰之燔之毛萇注曰以毛曰炰音步交反子虛賦曰割鮮染輪孔安國注尚書曰鳥獸新殺曰鮮饗賜畢勞逸齊
大駱鳴鑾容與褭回集乎豫章之宇臨乎昆明之池大輅玉輅也周禮曰凡馭輅儀以鑾

和爲節鄭玄注曰鸞在衡和在軾皆金鈴也三輔黃圖曰上林苑有豫章觀左牽牛而右織女似雲漢之無崖茂樹蔭蔚芳艸被堤蘭茝發色曄曄猗猗若摛錦布繡爥燿乎其陂漢宮閣疏曰昆明池有二石人牽牛織女之象也雲漢天河也郭璞注爾雅云茝香艸音昌改反曄曄猗猗美茂之貌說文曰摛舒也玄鶴白鷺黃鵠鵁鶄鶬鴰鴇鶂鳧鷖鴻鴈朝發河海夕宿江漢沈浮往來雲集霧散郭璞注爾雅云鴰似鳧腳近尾略不能地行江東謂之魚鴰音火交反說文曰鸛鷒雀也爾雅曰鶬麋鴰音括郭璞注曰即鶬鴰也今關西呼爲鴰鹿鴇似鴈而大無指音保鶂水鳥也莊子曰白鶂之相視眸子不運而風化李巡注爾雅曰在野曰鳧在家曰鶩鸃鴨也鄭玄注詩云鷖鳧屬也音一兮反周處風土記曰鷖鷖[illegible]也以名自呼大如鷄生卵於荷葉上毛萇注詩云大曰鴻小曰鴈於是後宮乘輚路登龍舟張鳳蓋建華旗袪黼帷鏡清流靡微風澹淡浮埤蒼曰輚臥車也音仕板反淮南子曰龍舟鷁首浮吹以虞桓譚新論曰乘車玉爪華芝及鳳凰三蓋上林賦曰乘法駕建華旗高誘注淮南子曰袪舉也澹隨風之貌也澹音徒濫反淡音徒敢反櫂女謳鼓吹震聲激越謍厲天鳥羣翔魚闚淵櫂楫也謳歌也震協韻音眞謍聲也音火宏反招白閒下雙鵠揄文竿出比目招猶舉也弩有黃閒之名此言白閒蓋弓弩之屬本或作白鷴謂鳥也西京雜記曰越王獻高帝白鷴黑鷴各一雙說文曰揄引也音投文竿翠羽爲文飾也闕子曰魯人有好釣者以桂爲餌鍛黃金之鉤錯以銀碧垂翡翠之綸爾雅曰東方有比目魚不比不行撫鴻幢御矰繳方舟竝鶩俛仰極樂廣雅曰幢謂之幬幢音直江反即舟中之幢蓋也本或作罿罿罬鳥網也音衡矰弋矢也繳以繫

箭也方舟竝兩舟也遂風舉雲搖浮遊普覽前乘秦領後越九嵕協韻音緵東薄河華西涉岐雍宮館所歷百有餘區行所朝夕儲不改供薄迫也岐山雍縣在扶風儲積也供協韻音九用反禮上下而接山川究休祐之所用採遊童之歡謠第從臣之嘉頌上下謂天地也接亦祭也究盡也用謂犧牲玉帛之物也列子曰堯理天下五十年不知天下理歟亂歟堯乃微服遊於康衢聞兒童謠曰立我烝人莫匪爾極不識不知順帝之則言今同於堯也前書曰宣帝頗好神仙王褒張子僑等竝待詔所幸宮館輒爲歌頌第其高下以差賜帛焉于斯之時都都相望邑邑相屬國籍十世之基家承百年之業士食舊德之名氏農服先疇之畎畝商修族世之所鬻工用高曾之規矩粲乎隱隱各得其所十世百年並舉全數也易曰食舊德貞厲終吉穀梁傳曰古者有士人商人農人工人淮南子曰古者至德之時賈便其肆農安其業大夫安其職而處士修其道也若臣者徒觀迹乎舊墟聞之乎故老什分而未得其一端故不能徧舉也

班彪列傳第三十上

後漢書四十上

唐章懷太子賢注

主人喟然而歎曰痛乎風俗之移人也子實秦人矜夸館室保界河山信識昭襄而知始皇矣惡睹大漢之云爲乎喟歎貌也前書曰人有剛柔緩急音聲不同繫水土之風氣謂之風好惡取舍動靜無常隨君上之情欲謂之俗保守也謂守河山之險以爲界昭襄昭王襄王也惡安也音烏夫大漢之開原也奮布衣曰登皇極繇數朞而創萬世蓋六籍所不能談前聖靡得而言焉漢高祖曰吾以布衣提三尺劒取天下高祖起兵五年而即帝位故云由數朞繇卽由也孔安國注尚書云匝四時曰朞萬代盛言之也六籍六經也當此之時功有橫而當天討有逆而順人故婁敬度埶而獻其說蕭公權宜曰拓其制時豈泰而安之哉計不得曰已也橫音胡孟反高祖入關秦王子嬰降而五星聚於東井此功有橫而當天也逆謂以臣伐君前書陸賈曰湯武逆取而以順守之及高祖入關秦人爭獻牛酒此爲討有逆而順人也婁敬已見上又曰蕭何修未央宮上見壯麗甚怒何對曰天下未定故何因遂就宮室且天子以四海爲家非令壯麗無以威重且無令後代有以加也時豈奢侈而安之哉言天下初定計不得已而都西京也吾子曾不是睹顧燿後嗣之末造不亦闇乎顧反也燿炫燿也言吾子曾不睹度埶權宜之由而反炫燿後嗣子孫末代之所造非其盛稱武帝成帝神仙

昭陽之事也今將語子以建武之理永平之事監乎泰淸以變子之或志淮南子曰太淸之化也和順以寂漢質直以素樸高誘注曰太淸無爲之化也往者王莽作逆漢祚中缺天人致誅六合相滅天人謂天意人事共相誅也于時之亂生民幾亡鬼神泯絶壑無完柩郛罔遺室原野厭人之肉川谷流人之血秦項之災猶不克半書契已來未之或紀也人者神之主生人既亡故鬼神亦絶也楊子法言曰秦將白起長平之戰坑四十萬人原野厭人之肉川谷流人之血也故下民號而上愬上帝懷而降鑒致命于聖皇上帝天也聖皇光武也懷猶愍念也降下也鑒視也言上天愍念下人之上愬故下視四海可以爲君者而致命於光武也於是聖皇乃握乾符闡坤珍披皇圖稽帝文赫爾發憤應若興雲霆發昆陽憑怒雷震乾符坤珍謂天地符瑞也皇圖帝文謂圖緯之文也霆疾雷也發於昆陽謂破王尋王邑憑盛也言盛怒如雷之震協韻音眞遂超大河跨北嶽立號高邑建都河洛跨據也言光武度河據北嶽遂即位于鄗而改鄗爲高邑也紹百王之荒屯因造化之盪滌體元立制繼天而作紹繼也屯難也高誘注淮南子云造化天地也滌除也作起也杜預注左傳云凡人君即位欲體元以居正穀梁傳曰爲天下主者天也繼天者君也系唐統接漢緒茂育羣生恢復疆宇勳兼乎在昔事勤乎三五爾雅曰系繼也緒業也前書曰漢帝本系出自唐帝言光武能

繼唐堯之統業也恢大也三五三皇五帝也豈特方軌並迹紛綸后辟理近古之所務蹈一聖之險易云爾哉軌轍也紛綸猶雜糅也爾雅曰后辟君也險易猶理亂也言光武功德勤勞兼於前代百王非直一聖帝也且夫建武之元天地革命四海之內更造夫婦肇有父子君臣初建人倫實始斯乃虙羲氏之所以基皇德也易曰天地革而四時成又曰湯武革命爾雅曰九夷八狄七戎六蠻謂之四海基始也帝王紀曰庖犧氏風姓也制嫁娶之禮取犧牲以充庖廚以食天下故號庖犧後或謂之伏犧言光武更造夫婦如伏犧時也分州土立市朝作舟車造器械斯軒轅氏之所以開帝功也黃帝號軒轅氏前書昔在黃帝畫野分州易繫辭曰神農氏日中爲市黃帝堯舜垂衣裳而天下治刳木爲舟剡木爲楫服牛乘馬引重致遠以利天下弦木爲弧剡木爲矢弧矢之利以威天下言光武利人如軒轅也龔行天罰應天順民斯乃湯武之所以昭王業也尚書武王曰今予惟龔行天之罰易曰湯武革命順乎天而應乎人言光武征伐如湯武者也遷都改邑有殷宗中興之則焉卽土之中有周成隆平之制焉尚書曰盤庚遷于殷史記曰帝陽甲之時殷衰諸侯莫朝陽甲崩弟盤庚立自河北度河南居湯之故地行湯之政殷道復興尚書曰王來紹上帝自服于土中孔安國曰洛邑地埶之中也春秋命歷序曰成康之隆醴泉湧出言都洛陽如殷宗周成之制也不階尺土一人之柄同符乎高祖孟子曰紂去武丁未久也尺地莫非其有也一人莫非其臣也又曰舜文王相去千有餘歲若合符契克己復禮以奉終始允恭乎孝文左傳仲尼曰古有志克己復禮仁也孫卿子曰生人

之始死人之終也終始俱善人道必矣尚書允恭克讓謂躬自儉約同於文帝也憲章稽古封岱勒成儀炳乎世宗憲章猶法則也禮記曰仲尼憲章文武尚書曰若稽古帝堯言法乎考古而封泰山勒石以記成功也炳明也其禮儀明乎武帝也案六經而校德妙古昔而論功仁聖之事旣該帝王之道備矣六經謂詩書禮樂易春秋妙猶美也或作眇眇遠也該備也至于永平之際重熙而累洽盛三雍之上儀修袞龍之法服敷鴻藻信景鑠揚世廟正予樂人神之和允洽君臣之序旣肅熙光也洽浹也三雍謂明堂辟雍靈臺也永平二年正月宗祀光武皇帝於明堂禮畢登靈臺三月臨辟雍行大射禮周禮王之吉服享先王則袞冕鄭玄注曰袞卷龍衣也永平二年帝及公卿列侯始服冠冕衣裳敷布也鴻大也藻文藻也謂明堂禮畢登靈臺之後布詔于天下曰建明堂立辟雍起靈臺恢弘大道被之八極此爲布鴻藻也信讀曰申景大也鑠美也揚世廟謂上尊號光武廟曰世祖正予樂謂依讖文改大樂爲大予樂也乃動大路遵皇衢省方巡狩窮覽萬國之有無考聲敎之所被散皇明㠯燭幽大路玉路也皇衢馳道也易曰先王以省方觀人設敎尚書曰歲二月東巡狩又曰朔南暨聲敎皇大也燭照也然後增周舊修洛邑翩翩巍巍顯顯翼翼光漢京于諸夏總八方而爲之極周成王都洛邑漢又增而修之故曰增焉翩翩巍巍顯顯翼翼並宮闕顯盛之貌論語曰不如諸夏之亡詩商頌曰商邑翼翼四方之極極中也洛陽土之中也是㠯皇城之內宮室光明闕庭神麗奢不可踰儉不能侈言奢儉合禮也外則因

原野㠯作苑順流泉而爲沼發蘋藻㠯潛魚豐圃草㠯毓獸制同乎梁騶義合乎靈囿蘋藻並水艸也詩小雅曰魚在在藻韓詩曰東有圃艸駕言行狩
薛君傳曰圃博也有博大之茂艸也毓亦育也魯詩傳曰古有梁
騶者天子之田也詩大雅曰王在靈囿麀鹿攸伏毛萇注云
囿所以域養禽獸也此言魚獸各得其所如文王之靈囿也若乃順時節而蒐狩簡車徒㠯講武則必臨之㠯王制考之㠯風雅左傳臧僖伯曰春蒐夏苗秋獮
冬狩皆於農隙以講事也杜預
注云各隨時之閑也禮記王制曰天子諸
侯無事則歲三田田不以禮曰暴天物也歷騶虞覽駟驖嘉車攻采吉日禮官正儀乘輿乃出詩國風序曰騶虞蒐田以時仁如騶虞毛萇注曰騶虞義獸白虎黑文不
食生物又曰駟驖美襄公也始命有田狩之事其詩曰駟驖孔阜注曰驖
驪也阜大也又小雅序曰車攻宣王復古也修車馬備器械復會諸侯於東都因田獵而選車徒
焉其詩曰我車既攻我馬既同注云攻堅也又吉日詩曰我車既好四牡孔阜宣帝詔曰禮官具
禮儀
也於是發鯨魚鏗華鍾登玉輅乘時龍鳳蓋颯灑和鑾玲瓏天官景從祲威盛容鯨魚謂刻杵作鯨魚形也鏗謂擊之也音苦耕反尚書大傳曰天子將出
則撞黃鍾右五鍾皆應薛綜注東京賦云海中有大魚名鯨又有獸名蒲
牢蒲牢素畏鯨魚鯨魚擊蒲牢蒲牢輒大鳴呼凡鍾欲令其聲大者故作蒲牢於其上撞鐘者名
爲鯨魚鐘有篆刻之文故曰華爾雅曰馬高八尺以上曰龍月令春駕蒼龍各隨四時之色故曰
時也玲瓏聲也蔡邕獨斷曰
百官小吏曰天官祲亦盛也山靈護野屬御方神雨師汎灑風伯清塵千乘靁起萬騎紛紜元戎竟野戈鋋彗雲羽旄埽電旌旗拂天山靈山
神也屬

連也音燭方四方也雨師畢星也風伯箕星也韓子師曠謂晉平公曰黃帝合鬼神於太山風伯進掃雨師灑道蔡邕獨斷曰天子大駕備千乘萬騎元戎戎車也詩小雅曰元戎十乘以先啓行毛萇注曰元大也夏后氏曰鉤車先正也殷曰寅車先疾也周曰元戎先良也說文曰鋋小矛也音市延反彗掃也音似銳反**焱焱炎炎揚光飛文吐爛生風吹野燎山日月爲之奪明丘陵爲之搖震**焱焱炎炎竝戈矛車馬之光也說文曰焱火華也音以瞻反震讀曰真**遂集乎中囿陳師案屯駢部曲列校隊勒三軍誓將帥**中囿囿中也續漢志曰大將軍營五部校尉一人部下有曲曲下有屯長一人駢猶陳列也杜預注左傳曰百人爲隊鄭玄周禮注云天子六軍三居一偏故此言勒三軍也周禮曰羣吏聽誓于前斬牲以徇陳曰不用命者斬之鄭玄注云羣吏將帥也**然後舉烽伐鼓吕命三驅輕車霆發驍騎電騖游基發射范氏施御弦不失禽轡不詭遇飛者未及翔走者未及去**穀梁傳曰三驅之禮一爲乾豆二爲賓客三爲充君之庖霆發電騖竝言疾也游基養由基也淮南子曰楚有神白猨王自射之則搏而嬉使養由基射之始調弓矯矢未發而猨擁木號矣范氏趙之御人也孟子曰趙簡子使王良御終日不獲一禽反曰天下賤工也王良曰吾爲範我驅馳終日不獲一爲之詭遇一朝而獲十趙岐注曰範法也爲法度之御應禮之射終日不得一詭遇非禮射也則能獲十弦不失禽謂由基也轡不詭遇謂范氏也**指顧倏忽獲車已實樂不極般殺不盡物馬踠餘足士怒未泄先驅復路屬車案節**高唐賦曰舉功先得獲車已實爾雅曰般樂也禮記曰樂不可極踠猶屈也方言曰泄歇也漢官儀大駕屬車八十一乘子虛賦曰案節未舒謂駐節徐行也**於是薦三犧效五牲禮神祇懷百**

靈御明堂臨辟雍揚緝熙宣皇風登靈臺考休徵左傳鄭子太叔曰爲五牲三犧杜預注云五牲
麋鹿麏麕狼兔三犧祭天地宗廟之犧也郊祭天也天神曰神地神曰祇百靈百神也詩曰懷柔百神御朝也謂朝諸侯於明堂詩大雅曰維清緝熙文王之典鄭玄注云緝熙光明也尚書曰休徵
孔安國注云敘美行之驗俯仰乎乾坤參象乎聖躬目中夏而布德瞰四裔而抗
稜易繫辭曰仰則觀象於天俯則觀法於地近取諸身遠取諸物聖躬謂天子也中夏中國也瞰音苦暫反四裔四夷也稜威也左傳曰德以柔中國刑以威四夷也西盪河
源東澹海漘北動幽崖南趯朱垠盪滌也河源在崑崙山前書曰威稜澹乎鄰國音義曰澹猶動也音徒濫反漘水涯音脣郭璞
注爾雅曰涯上平坦而下水深者爲漘趯躍也音他歷反說文曰垠界也音銀殊方別區界絕而不鄰自孝武所不能
征孝宣所不能臣莫不陸讋水慄奔走而來賓爾雅曰讋懼也音之涉反遂綏哀
牢開永昌綏安也哀牢西南夷號永平十二年其國王柳貌相率內屬以其地置永昌郡也春王三朝會同漢京是日
也天子受四海之圖籍膺萬國之貢珍內撫諸夏外接百蠻春王猶左傳云
春王正月也三朝元日也朝音陟遙反謂歲之朝月之朝日之朝前書谷永曰今年正月朔日食於三朝之會周禮曰時見曰會殷眺曰同賈逵注國語曰膺猶受也詩曰因時百蠻也乃
盛禮樂供帳置乎雲龍之庭陳百僚而贊羣后究皇儀而展帝容
供帳供設帷帳也供音九用反前書曰三輔長無供帳之勞戴延之記曰端門東有崇賢門次外有雲龍門贊引也於是庭實千品旨酒萬鍾

列金罍班玉觴嘉珍御太牢饗庭實貢獻之物也左傳孟獻子曰臣聞聘而獻物於是有庭實旅百千品言多也說文曰鍾器也孔叢子曰堯飲千鍾罍酒器也詩曰我姑酌彼金罍珍八珍也大牢牛羊豕也饗協韻音香爾乃食舉雍徹太師奏樂陳金石布絲竹鍾鼓鏗鎗管絃曄煜食舉謂當食舉樂也蔡邕禮樂志曰大子樂郊祀陵廟殿中諸食舉樂也雍詩篇名也謂食訖歌雍詩以徹也論語曰三家者以雍徹太師樂官也周禮大師掌六律六呂以合陰陽之聲也鏗音苦耕反鎗音楚庚反曄煜盛貌也煜音育抗五聲極六律歌九功舞八佾韶武備太古畢左傳晏子曰五聲六律杜預注云五聲宮商角徵羽六律黃鍾太蔟姑洗蕤賓夷則無射尚書曰九功惟序九序惟歌九功謂金木水火土穀正德利用厚生也佾舞行也穀梁傳曰天子八佾韶舜樂名武武王樂名太古遠古也四夷間奏德廣所及伶佅兜離罔不具集間迭也音古莧反詩國風曰漢廣德廣所及也鄭玄注周禮云四夷之樂東方曰韎南方曰任西方曰株離北方曰禁禁字書作伶音渠禁反佅音摩葛反周禮伶作禁佅作韎兜作株也萬樂備百禮暨皇歡浹羣臣醉降烟熅調元氣然後撞鍾告罷百僚遂退萬樂百禮盛言之也暨至也易曰天地絪縕萬物化醇禮統曰天地者元氣之所生萬物之祖尚書大傳曰天子將入撞蕤賓之鍾左五鍾皆應撞音直江反於是聖上親萬方之歡娛久沐浴乎膏澤懼其侈心之將萌而怠於東作也尚書曰平秩東作注云歲起於春而始就耕乃申舊章下明詔命有司班憲度昭節儉示太素詩大雅曰率由舊章鄭玄注云舊典文章左傳臧哀伯曰大路越席大羹不致昭其儉也列子曰大素者質之始也去後

宮之麗飾損乘輿之服御除工商之淫業興農桑之上務遂令海內棄末而反本背僞而歸眞女修織紝男務耕耘器用陶匏服尚素玄恥纖靡而不服賤奇麗而不珍捐金於山沈珠於淵前書文帝詔曰農天下之本也而人或不務本而事末音義曰本農也末賈也背爲去彫飾也歸眞尚質素也杜預注左傳曰織紝織繒布也禮記曰器用陶匏陶瓦器也匏瓠也陸賈新語曰聖人不用珠玉而寶其身故舜棄黃金於嶄巖之山捐珠玉於五湖之川以杜淫邪之欲也於是百姓滌瑕盪穢而鏡至淸形神寂漠耳目不營嗜欲之原滅廉正之心生莫不優游而自得玉潤而金聲瑕穢猶過惡也揚雄集曰滌瑕蕩穢淮南子曰形者生之舍神者生之制也又曰和順以寂寞尚書曰弗役耳目百度惟貞淮南子曰吾所謂有天下者自得而已禮記孔子曰君子比德于玉焉溫潤而澤仁也孟子曰孔子德如金聲也是以四海之內學校如林庠序盈門獻酬交錯俎豆莘莘下舞上歌蹈德詠仁前書平帝立舉學宮郡國曰學縣道邑及侯國曰校鄉曰庠聚曰序詩曰獻酬交錯莘莘眾多也音所巾反禮記曰歌者在上貴人聲也又嗟歎之不足故手之舞之足之蹈之登降飫宴之禮既畢因相與嗟歎玄德讜言弘說咸含和而吐氣頌曰盛哉乎斯世詩曰飲酒之飫毛萇注云不脫屨升堂謂之飫飫私也尚書曰玄德升聞字林曰讜美言也音讜今論者但知誦虞夏之書詠殷周之詩講羲文之易

論孔氏之春秋罕能精古今之清濁究漢德之所由伏羲畫八卦文王作卦辭孔子作春秋清濁猶善惡也唯子頗識舊典又徒馳騁乎末流溫故知新已難而知德者鮮矣末流猶下流也謂諸子也前書曰不入於道德放縱於末流論語孔子曰溫故知新可以爲師矣又曰由知德者鮮矣且夫辟界西戎險阻四塞修其防禦孰與處乎土中平夷洞達萬方輻湊辟遠也音匹亦反戰國策蘇秦說孟嘗君曰秦四塞之國也高誘注云四面有山關之固故曰四塞之國防禦謂關禁也輻湊如輻之湊於轂也前書武帝詔吾丘壽王曰子在朕前之時知畧輻湊也秦領九嵕涇渭之川曷若四瀆五嶽帶河泝洛圖書之淵四瀆江河淮濟也河圖曰天有四表以布精魄地有四瀆以出圖書爾雅曰泰山爲東嶽衡山爲南嶽華山爲西嶽恒山爲北嶽圖書之泉謂河洛也易繫辭曰河出圖洛出書也建章甘泉館御列仙孰與靈臺明堂統和天人館御謂設臺以進御神仙也禮含文嘉曰禮天子靈臺以考觀天人之際法陰陽之會也太液昆明鳥獸之囿曷若辟雍海流道德之富三輔黃圖曰辟雍水四周於外象四海也游俠踰侈犯義侵禮孰與同履法度翼翼濟濟也游俠即西賓云鄉曲豪俊游俠之雄踰侈謂列肆侈於姬姜等也爾雅曰翼翼敬也詩曰濟濟多士毛萇注云濟濟多威儀也子徒習秦阿房之造天而不知京洛之有制也識函谷之可關而不知王者之無外也史記曰秦始皇作阿房宮造至也公羊傳曰王者無外也主人之

辭未終，西都賓矍然失容，逡巡降階，惵然意下，捧手欲辭。主人曰：「復位，今將喻子五篇之詩。」說文曰矍視遽之貌音許縛反周書曰臨攝以威而惵惵者猶恐懼也音徒頰反喻告也賓既卒業，乃稱曰：「美哉乎此詩！義正乎揚雄，事實乎相如，非唯主人之好學，蓋乃遭遇乎斯時也。揚雄作長楊羽獵賦司馬相如作子虛上林賦並文雖藻麗其事迂誕不如主人之言義正事實也小子狂簡，不知所裁，既聞正道，請終身誦之。」論語孔子曰吾黨之小子狂簡斐然成章不知所以裁之又曰不忮不求何用不臧子路終身誦之其詩曰：

明堂詩

於昭明堂，明堂孔陽。聖皇宗祀，穆穆煌煌。於音烏歎美之辭也詩周頌曰於昭于天孔甚也陽明也國風曰我朱孔陽聖皇宗祀謂祭光武於明堂也詩曰穆穆煌煌宜君宜王穆穆猶敬也煌煌猶美也上帝宴饗，五位時序。誰其配之，世祖光武。前書曰天神貴者太一太一佐曰五帝五位五帝也河圖曰蒼帝威靈仰赤帝赤熛怒黃帝含樞紐白帝白招矩黑帝叶光紀揚雄河東賦曰靈祇既饗五位時序謂各依其方而祭之普天率土，各以其職。猗與緝熙，允懷多福。詩小雅曰溥天之下莫非王土率土之濱莫非王臣溥亦普也孝經曰四海之內各以其職來助祭詩商頌曰猗歟那歟猗美也允信也懷來也詩大雅曰聿懷多福

辟雍詩

迺流辟雍，辟雍湯湯。聖皇莅止，造舟為梁。湯湯水流貌莅臨也詩小雅曰方叔

莅止大雅曰造舟爲梁毛萇注云天子造舟造至也謂連舟爲浮梁也皤皤國老迺父迺兄抑抑威儀孝友光明說文曰皤皤老人貌也音步何反孝經援神契曰天子尊事三老兄事五更抑抑美也詩曰威儀抑抑爾雅曰善父母爲孝善兄弟爲友於赫太上示我漢行鴻化惟神永觀厥成於赫歎美也太上謂太古立德賢聖之人並著養老之禮令我漢家遵行之也鴻大也文子曰執立德於心化馳如神詩周頌曰我客戾止永觀厥成爾雅曰觀示也

靈臺詩　迺經靈臺靈臺既崇帝勤時登爰考休徵詩大雅曰經始靈臺崇高也時登以時登之休美也徵驗也三光宣精五行布序習習祥風祁祁甘雨三光日月星也宣布也精明也五行水火金木土布序謂各順其性無謬沴也習習和也詩小雅曰習習谷風禮斗威儀曰君政頌平則祥風至宋均注曰卽景風也祁祁徐也詩小雅曰興雨祁祁尚書考靈燿曰熒惑順行甘雨時也百穀溱溱庶卉蕃蕪屢惟豐年於皇樂胥百言非一也尚書洪範曰百穀用成溱溱盛貌尚書曰庶艸蕃蕪爾雅曰蕃蕪豐也詩周頌曰綏萬邦屢豐年又曰於皇時周於音烏詩小雅曰君子樂胥受天之祜注云胥有才智之名

寶鼎詩　嶽修貢兮川效珍吐金景兮歊浮雲寶鼎見兮色紛縕煥其炳兮被龍文謂永平六年王雒山得寶鼎廬江太守獻之景光也說文曰歊氣出貌音火驕反史記曰泰武王與孟悅舉龍文之鼎登祖廟兮享聖神昭靈德兮彌億年時明帝詔曰其以礿祭之日陳鼎於廟以備器用彌終也萬萬曰億尚書曰公其以予萬億年敬天之休

白雉詩　啓靈篇兮披瑞圖，獲白雉兮效素烏。【靈篇謂河洛之書也。固集此題篇云白雉素烏歌，故兼言效素烏。】發皓羽兮奮翹英，容絜朗兮於淯精。【皓，白也。翹，尾也。春秋元命包云：烏者陽之精。】章皇德兮侔周成，永延長兮膺天慶。【章，明也。侔，等也。孝經援神契曰：周成王時越裳獻白雉。慶讀曰卿。】及肅宗雅好文章，固愈得幸，數入讀書禁中，或連日繼夜。每行巡狩，輒獻上賦頌，朝廷有大議，使難問公卿，辯論於前，賞賜恩寵甚渥。固自以二世才術，位不過郎，【二代謂彪及固。】感東方朔、揚雄自論，以不遭蘇、張、范、蔡之時，作賓戲以自通焉。【東方朔答客難曰：使蘇秦、張儀與僕並生，曾不得掌故，安敢望侍郎乎？楊雄解嘲曰：范睢，魏之亡命也；蔡澤，山東之匹夫也。有談范蔡於許史之間，則狂矣。固所作賓戲，事見前書。】後遷玄武司馬。【續漢志曰：宮掖門每門司馬一人，秩比千石。玄武司馬主玄武門。】天子會諸儒講論五經，作白虎通德論，令固撰集其事。【章帝建初四年，詔諸王諸儒會白虎觀，講議五經同異。】

時北單于遣使貢獻，求欲和親，詔問羣僚。議者或以為匈奴變詐之國，無內向之心，徒以畏漢威靈，逼憚南虜，【南匈奴也。】故希望報命以安其離叛。今若遣使，恐失南虜親附之歡，而成北狄猜詐之計不可固議曰竊自惟思漢興已來曠世歷年兵纏夷狄尤事匈奴綏御之方其塗不一或脩文以和之或用武以征之或卑下以就之（文帝與匈奴通關市妻以漢女增厚其賂也）或臣服而致之（宣帝時匈奴稽首臣服遣子入侍）雖屈申無常所因時異然未有拒絕弃放不與交接者也故自建武之世復修舊典數出重使前後相繼（建武二年日逐王遣使詣漁陽請和親使中郎將李茂報命二十六年遣中郎將段郴授南單子印綬）至於其末始乃暫絕永平八年復議通之而廷爭連日異同紛回多執其難少言其易先帝聖德遠覽瞻前顧後遂復出使事同前世（先帝謂明帝也永平八年遣越騎司馬鄭衆報使北匈奴）以此而推未有一世闕而不修者也今烏桓就闕稽首譯官康居月氏自遠而至匈奴離析名王來降三方歸服不以兵威此誠國家通於神明自然之徵也臣愚以為宜依故事復遣使者上可繼五鳳甘露致遠人之會（宣帝五鳳三年單于名王將衆五萬餘人來降稱臣朝賀甘露元年匈奴呼韓邪遣子右賢王入侍）下不失建武永平羈縻之義虜使再來然後一往既明

中國主在忠信且知聖朝禮義有常豈同逆詐示猜孤其善意乎絕之未知其利通之不聞其害設後北虜稍彊能爲風塵相侵擾則風塵起方復求爲交通將何所及不若因今施惠爲策近長固又作典引篇述敘漢德典謂堯典引猶續也漢承堯後故述漢德以續堯典以爲相如封禪靡而不典文雖靡麗而體無古也揚雄美新典而不實體雖典則而其事虛僞謂王莽事不實蓋自謂得其致焉其辭曰

太極之原兩儀始分烟烟熅熅有沈而奧有浮而淸易繫辭曰易有太極是生兩儀又曰天地絪縕萬物化醇蔡邕曰絪縕陰陽和一相扶貌也奧濁也易乾鑿度曰清輕者爲天濁沈者爲地沈浮交錯庶類混成庶類萬物也混猶同也老子曰有物混成先天地生肇命人主五德初始同乎草昧玄混之中人主謂天子也尚書曰成湯簡代夏作民主五德五行也初始謂伏犧始以木德王也木生火故神農以火德五行相生周而復始草昧謂草創暗昧也易曰天地草昧幽玄混沌之中謂三皇初起之時也踰繩越契寂寥而亡詔者系不得而綴也易繫辭曰上古結繩而化後代聖人易之以書契踰越並過也詔誥也言過繩契以上既無文字故寂寥而無文誥系謂易繫辭也故易繫而不得綴連也厥有氏號紹天闡繹者氏號謂太昊號庖犧氏炎帝號神農氏黃帝號軒轅氏之類紹繼也謂王者繼天而作闡開也繹陳也莫不開元於太昊皇初之首上哉敻乎其書猶可

得而脩也。易曰帝出於震始以木德王天下故曰皇初之首又曰古者庖犧氏之王天下也仰則觀象於天俯則觀法于地是其書可得而脩也 亞斯之世，通變神化，函光而未曜。亞斯之代謂少昊顓頊高辛等雖通變神化而易繫不載其事故曰函光未曜 若夫上稽乾則，降承龍翼，而炳諸典謨，㠯冠德卓蹤者，莫崇乎陶唐。稽考乾天也論語孔子曰惟天爲大惟堯則之龍翼謂稷契等爲堯之羽翼易乾上九曰用九見羣龍无首吉鄭玄注云六爻皆體龍羣龍象也謂禹與稷契咎陶之屬竝在於朝炳明也典謨謂堯典臯陶謨也爲道德之冠首蹤跡之卓異者莫高於陶唐爾雅曰崇高也 陶唐舍胤而禪有虞，虞亦命夏后，稷契熙載，越成湯武。舍胤謂堯舍其胤子丹朱而禪于舜舜亦舍其子商均而禪禹書曰熙帝之載孔安國注云熙廣也載事也言稷契竝能廣立功事於堯舜之朝越於也於是成其子孫湯武之業竝得爲天子也湯契之後武王后稷之後 股肱既周，天乃歸功元首，將授漢劉。股肱謂稷契也既周謂其子孫竝周徧得爲天子元首堯也言天更歸功於堯又將授漢以帝位 俾其承三季之荒末，值亢龍之災孽，懸象暗而恒文乖，彝倫斁而舊章缺。俾使也三季三王之季也易乾文言曰亢龍有悔窮之災也孽亦災也易曰懸象著明莫大於日月乖謂失於常度也倫理也斁敗也尚書曰彝倫攸斁舊章缺謂秦燔詩書 故先命玄聖，使綴學立制，宏亮洪業，表相祖宗，贊揚迪哲，備哉燦爛，眞神明之式也。玄聖謂孔丘也春秋演孔圖曰孔子母徵在夢感黑帝而生故曰玄聖莊子曰恬澹玄聖素王之道綴學立制謂爲漢家法制也宏洪竝大也亮信也表明也相助也迪蹈也哲智也言贊揚蹈履哲智之君謂高祖等也尚書曰茲四人迪哲燦爛盛明也式法

也

雖前聖皐夔衡旦密勿之輔比茲褊矣皐皐陶也夔舜之典樂者衡謂阿衡卽伊尹也旦周公也密勿猶黽勉也茲謂孔子言皐夔等比之爲褊小矣是㠯高光二聖辰居其域時至氣動乃龍見淵躍論語孔子曰譬如北辰居其所而眾星共之時至氣動謂高祖聚形雲於碭山光武發佳氣於白水易乾卦九二曰見龍在田九四曰或躍在泉竝喻漢初起拊翼而未舉則威靈紛紜海內雲蒸雷動電熛胡縊莽分不莅其誅拊翼以鷄爲喻言知將且則鼓其翼而鳴前書曰張陳之交拊翼俱起以喻高祖光武也紛紜盛貌也如雲之蒸言天下英傑爲漢者多也熛光也胡縊謂胡亥縊死也莽分謂公賓就斬莽也莅臨也言天下先爲漢誅之高祖光武不親臨也然後欽若上下恭揖羣后正位度宗有于德不台淵穆之讓靡號師矢敦奮撝之容尙書曰欽若昊天欽敬也若順也上下謂天地也書曰格于上下羣后諸侯也易曰君子正位凝命也尚書曰延入翼室恤度宗度居也宗尊也前書曰舜讓于德不台音義曰台讀曰嗣言二祖初卽位居尊之時竝謙言於德不能嗣成帝功有此淵深穆敬之讓高祖初卽位曰寡人聞帝者賢者有也虛言無實之名非所取也光武卽位固辭至於再三靡無也矢陳也敦猶迫逼也詩云矢於牧野又曰敷敦淮濆言漢取天下無號令陳師敦迫奮武撝旄之容詩曰奮伐荆楚尚書曰王秉白旄以麾撝亦麾也言竝天人所推不尚威力也蓋㠯膺當天之正統受克讓之歸運蓄炎上之烈精蘊孔佐之弘陳云爾正統謂漢承周爲火德尚書堯典曰允恭克讓謂漢承堯克讓之後歸運爲堯歸運於漢也炎上謂火德烈精言盛也蘊藏也孔佐謂孔丘制作春秋及緯書以佐漢也卽春秋演孔圖曰丣金刀名爲劉中國東南出荆州赤帝後次代周是也謂大陳漢之期運也洋洋乎若德帝

者之上儀誥誓所不及已洋洋美也若如也儀法也謂如此美德可謂五帝之上法也穀梁傳曰誥誓不及五帝盟詛不及三皇交質不及五伯上下不相信服方有誥誓五帝之時上下和睦故誓不及鋪觀二代洪纖之度其賾可探也鋪徧也二代殷周也洪纖猶大小也度法度也賾幽深也言徧觀殷周大小之法其幽深可探知之竝開迹於一匱同受侯甸之所服奕世勤民已伯方統牧論語雖覆一匱注云匱盛土籠也侯服甸服謂諸侯也湯為桀之諸侯文王為紂之諸侯奕猶重也自契至湯十四代后稷至文王十五代竝積勤勞於人也伯方猶方伯也謂湯為夏伯文王為殷伯竝統領州牧乘其命賜彤弧黃戚之威用討韋顧黎崇之不格周禮九命作伯彤弧赤弓黃戚黃金飾斧也禮記曰諸侯賜弓矢然後專征伐賜斧鉞然後殺韋顧竝國名湯滅之詩殷頌曰韋顧既伐黎崇亦國名史記文王伐崇尚書曰西伯既戡黎格來也至乎三五華夏京遷鎬亳遂自北面虎離其師革滅天邑三五未詳京師京都也武王都鎬湯都亳詩云宅是鎬京武王成之尚書曰湯始居亳從先王居自從也北面謂臣也湯武竝以臣伐君詩記曰如虎如羆如豺如離於商郊音義曰離與螭同革改也易曰湯武革命天邑天子所都也尚書曰肆子敢求爾于天邑商是故義士偉而不敦武稱未盡護有慙德不其然與左傳曰武王克商遷九鼎於洛邑義士猶曰薄德杜預注曰伯夷之屬也史記曰伯夷叔齊淫武王伐紂扣馬諫曰以臣弒君可謂仁乎偉猶異也敦厚也武周武王樂也論語孔子曰謂武盡美矣未盡善也護湯樂也左傳延陵季子聘魯觀樂見舞大護者曰聖人之弘也而猶有慙德然猶於穆猗那翕純皦繹已崇嚴祖考殷薦宗祀配帝發祥流慶對越天地者焉

奕乎千載豈不克自神明哉於歎辭也穆美也歎美周家之德詩周頌曰於穆清廟猗亦歎辭也那多也歎美湯之德多也般頌曰猗與那與論語子語魯太師樂曰樂其可知也始作翕如也縱之純如也皦如也繹如也以成何晏注曰翕盛也純和諧也皦其音節明也鄭玄注云繹調達之貌此言殷周之代尚有於穆猗那之頌播之於翕純皦繹之樂尊祖嚴父宗祀配天於明堂之中詩商頌曰濬哲惟商長發其祥言發禎祥以流慶於子孫周頌曰秉文之德對越在天爲奕者猶蟬聯不絕也誕略有常審言行於篇籍光藻朗而不渝爾誕大也言殷周二代政化之迹大略有常也篇籍謂詩書也朗明也渝變也言光彩文藻朗明而不變耳其餘殊異不能及於漢也矧夫赫赫聖漢巍巍唐基泝測其源乃先孕虞育夏甄殷陶周矧況也漢承唐虞之基逆流曰泝孕懷也育養也甄陶謂造成也前書音義曰陶人作瓦器謂之甄言虞夏殷周之先祖竝嘗爲堯臣然後宣二祖之重光襲四宗之緝熙神靈日燭光被六幽仁風翔乎海表威靈行於鬼區慝亡迥而不泯微胡瑣而不頤二祖高祖世祖也尚書曰宣重光襲重也四宗文帝爲太宗武帝爲代宗宣帝爲中宗明帝爲顯宗燭照也言如日之照六幽六合幽遠之地鬼區遠方也易曰高宗伐鬼方慝惡也迥遠也泯滅也瑣小也頤養也言凶惡者無遠而不滅微細者何小而不養也故夫顯定三才昭登之績匪堯不興鋪聞遺策在下之訓匪漢不弘三才天地人也易曰兼三才而兩之登升也績功也言升天之功非堯不能興也尚書曰昭升于上鋪布也遺策堯之餘策謂堯典也在下謂後代子孫也言堯典爲子孫之訓非漢不能弘大也厥道至乎經緯乾坤出入三光外運混元內浸豪

苃性類循理品物咸亨其已久矣經緯天地言陰陽交泰也出入三光言日月星得其度也混元天地之總名也豪芒纖微也老子曰和陰陽節四時潤乎艸木浸乎金石毫毛潤澤性生也循順也含生之類皆順於理尚書曰別生分類品物萬殊亨通也易曰含弘光大品物咸亨盛哉皇家帝世德臣列辟功君百王榮鏡宇宙尊無與抗皇家帝代謂漢家歷代也列辟謂古之帝王也言漢家德可以臣彼列辟功可以君彼百王相如封禪書曰歷選列辟鏡猶光明也抗猶敵也讀曰康乃始虔鞏勞謙兢兢業業貶成抑定不敢論制作爾雅曰虔鞏固也易曰勞謙君子有終吉言帝固爲勞謙也兢兢戒愼也業業危懼也禮記曰王者功成作樂理定制禮今不敢論制禮作樂之事言謙之甚也至令遷正黜色賓監之事煥揚宇內而禮官儒林屯朋篤論之士而不傳祖宗之彷彿雖云優愼無乃葸歟遷正改正朔也黜色易服色也賓謂殷周二王之後爲漢之賓監視也視殷周之事以爲監戒論語孔子曰周監於二代屯衆也朋羣也不傳謂不制作篇籍以紀功德也彷彿猶梗概也論語孔子曰愼而無禮則葸鄭玄注云葸質慤貌也言雖優游謙愼無乃太質慤也於是三事嶽牧之僚僉爾而進曰陛下仰監唐典中述祖則俯蹈宗軌三事三公也僉皆也躬奉天經惇睦辯章之化洽天經謂孝也孔子曰夫孝天之經謂章帝初卽位四時禘祫宗祀於明堂也尚書曰惇敘九族又曰九族既睦辯章百姓鄭玄注云辯別也章明也惇厚也睦親也章帝性篤愛不忍與諸王乖離皆留京師也巡靖黎蒸懷保鰥寡之惠浹巡撫也靖安也黎蒸皆衆也懷思也保安也浹洽也尚書曰懷保小人惠鮮鰥寡謂章帝在位凡四巡狩

賜人爵鰥寡孤獨不能自存者粟燔瘞縣沈肅祇羣神之禮備爾雅曰祭天曰燔柴祭地曰瘞埋祭山曰庋縣祭川曰浮沈肅祇恭敬也封禪書曰湯武至尊不失肅敬元和中詔曰朕巡狩岱宗柴望山川庋音居毀反是以鳳皇來儀集羽族於觀魏肉角馴毛宗於外囿擾緇文皓質於郊升黃暉采鱗於沼甘露宵零於豐草三足軒翥於茂樹尚書曰鳳皇來儀元和二年詔曰乃者鳳皇鸞鳥比集七郡羽族謂羣鳥隨之也觀魏門闕也肉角謂麟也伏侯古今注曰建初二年北海得一角獸大如麕有角在耳間端有肉又元和二年麒麟見陳一角端如葱葉色赤黃擾馴也緇文皓質謂騶虞也說文曰騶虞白虎黑文尾長於身古今注曰元和三年白虎見彭城黃暉采鱗謂黃龍也建初五年有八黃龍見于零陵古今注曰元和二年甘露降河南三足烏集沛國軒翥謂飛翔上下也若乃嘉穀靈草奇獸神禽應圖合諜窮祥極瑞者朝夕坰牧日月邦畿卓犖乎方州羨溢乎要荒嘉穀嘉禾靈草芝屬古今注曰元和二年芝生沛如人冠大坐狀章和九年詔曰嘉穀滋生芝艸之類歲月不絕奇獸神禽謂白虎白雉之屬也建初七年獲白鹿元和元年日南獻生犀白雉言應于瑞圖又合乎史諜也坰牧郊野也卓犖殊絕也羨音以戰反昔姬有素雉朱烏玄秬黃麰之事耳君臣動色左右相趨濟濟翼翼峨峨如也孝經援神契曰周成王時越裳來獻白雉朱烏謂赤烏也尚書中候曰太子發度孟津有火自天止于王屋流爲赤烏玄秬黑黍也詩大雅曰誕降嘉種惟秬惟秠黃麰麥也謂赤烏銜牟麥而至也詩頌曰貽我來牟詩大雅曰濟濟多士又曰惟此文王小心翼翼又曰奉璋峨峨蓋用昭明寅畏承聿懷之福亦以寵靈文武貽燕後

昆覆以懿鑠豈其為身而有顓辭也（詩大雅曰昭明有融寅敬也尚書曰嚴恭寅畏聿述也懷思也詩大雅曰昭事上帝聿懷多福貽遺也燕安也後昆子孫也言此並以光寵神靈文王武王之德遺安於子孫也詩大雅曰貽厥孫謀以燕翼子覆猶重也懿鑠並美也詩大雅曰我求懿德又曰於鑠王師言詩人歌頌周之盛德當成康之時其成王康王豈獨為身而有自專之辭也並上寵文武之業下遺子孫之基也言今章帝既獲符瑞之應亦宜同成康之事也）若然受之宜亦勤恁旅力以充厥道啓恭館之金縢御東序之祕寶以流其占（受之謂漢受此符瑞也說文曰恁念也音人甚反旅陳也充當也恭肅之館謂廟中也金縢以金緘匱藏符瑞之書於其中也御猶陳也東序東廂也祕寶謂河圖之屬尚書曰天球河圖在東序孔安國注曰河圖八卦是也言啓金縢之書及河圖之卦以占之也流猶徧也）夫圖書亮章天哲也孔猷先命聖孚也體行德本正性也逢吉丁辰景命也（圖書河圖洛書也亮信章明哲智言天授圖書者為天子所知也孔孔丘也猷圖也孚信也孔丘之圖先命漢家當須封禪此聖人之信也體行猶躬行也孔子曰夫孝德之本也易曰乾道變化各正性命丁當也辰時也景大也逢休吉之代當封禪之時此為天子之大命也）順命以創制定性以和神答三靈之繁祉展放唐之明文茲事體大而充寤寐次于聖心瞻前顧後豈蔑清廟憚勅天乎（命謂符瑞也答對也三靈天地人之神也繁多也祉福也展陳也放效也音甫往反效唐堯之文謂封禪也尚書璇璣鈐曰平制禮樂放唐之文茲事謂封禪之事大而且信次止也寤寐常止於聖心言不可忘之也前謂前代帝王後謂子孫也蔑輕也憚難也勅正也言封禪之事皆述祖宗之德今乃推讓豈輕清廟而難正天命乎尚書曰勅天之命惟時惟幾）伊考自遂古乃降

戾爰茲作者七十有四人有不俾而假素罔光度而遺章今其如台而獨闕也伊維也邈古猶遠古也楚辭曰邈古之初戾至也言自遠古以來至於此也作者謂封禪者史記管仲曰自古封禪七十二君并武帝及光武爲七十四君俾使也有天下不使其封禪而假爲竹素之文者無有光揚法度而并其文章不封禪者也台我也今其如我何獨闕也是時聖上固已垂精游神包舉藝文屢訪羣儒諭咨故老與之乎斟酌道德之淵源肴覈仁義之林藪以望元符之臻焉聖上謂章帝也諭告咨謨也道德仁義人所當行故以酒食爲諭焉淵源林藪諭深邃也元天也符瑞也詩曰肴核惟旅覈亦核也謂果實之屬旣成羣后之讜辭又悉經五繇之碩慮矣將紬萬嗣煬洪暉奮炎景扇遺風播芳烈久而愈新用而不竭汪汪乎丕天之大律其疇能亘之哉唐哉皇哉皇哉唐哉讜直言也繇兆辭音胄左傳曰先王卜征五年而歲習其祥不習則增修其德而改卜碩大也慮思也廣雅曰紬續也音方萌反景大也炎謂火德汪汪猶深也今文尚書泰誓篇曰立功立事可以永年丕天之大律鄭玄注云丕大也律法也疇誰也亘猶竟也唐哉謂堯也皇哉謂漢也言唯唐與漢唯漢與唐固後以母喪去官永元初大將軍竇憲出征匈奴以固爲中護軍與參議北單于聞漢軍出遣使款居延塞欲脩呼韓邪故事朝見天子請大使憲上遺固行中郎將事將數

百騎與虜使俱出居延塞迎之會南匈奴掩破北庭（永元二年南單于出雞鹿塞擊北匈奴於河雲大破之）固至私渠海聞虜中亂引還及竇憲敗固先坐免官固不教學諸子諸子多不遵法度吏人苦之初洛陽令种兢嘗行固奴干其車騎吏推呼之奴醉罵兢大怒畏憲不敢發心銜之及竇氏賓客皆逮考兢因此捕繫固遂死獄中時年六十一詔以譴責兢抵主者吏罪固所著典引賓戲應譏詩賦銘誄頌書文記論議六言在者凡四十一篇

論曰司馬遷班固父子其言史官載籍之作大義粲然著矣議者咸稱二子有良史之才遷文直而事覈固文贍而事詳若固之序事不激詭不抑抗（激揚也詭毀也抑退也抗進也）贍而不穢詳而有體使讀之者亹亹而不厭信哉其能成名也（爾雅曰亹亹猶勉也）彪固譏遷以為是非頗謬於聖人（言遷所是非皆與聖人乖謬即崇黃老而薄五經輕仁義而賤守節是也）然其論議常排死節否正直而不敘

殺身成仁之爲美固序游俠傳曰劇孟郭解之徒馳騖於閭閻雖其陷於刑辟自與殺身成名季路仇牧而不悔也古之正法五伯三王之辠人六國五伯之辠人四豪者又六國之辠人況於郭解之倫以匹夫之細竊殺生之權其辠不容於誅也則輕仁義賤守節愈矣愈猶甚也固傷遷

博物洽聞不能㠯智免極刑謂下蠶室然亦身陷大戮此已上略華嶠之辭智及之

而不能守之論語孔子之言也言有智而不能自守其身嗚呼古人之所㠯致論於目睫也史記齊使者至越曰幸也越之不亡也吾不遺其智之如目見豪毛而不見其睫也今越王知晉之失計不自知越人之過是目論也言班固譏遷被刑而不知身自遇禍

贊曰二班懷文裁成帝墳沈約宋書曰初謝儼作此贊云裁成典墳以示范曄曄改爲帝墳比良遷董謂司馬遷董狐也左傳曰董狐古之良史也兼麗卿雲司馬長卿楊子雲虎識皇命固迷世紛

班固列傳第三十下

金陵書局仿汲古閣本刊

後漢書四十下

第五離鍾宋寒列傳第三十一

第五倫曾孫種　宋均族子意

後漢書四十一

唐章懷太子賢注

第五倫字伯魚京兆長陵人也其先齊諸田史記曰陳公子完奔齊以陳字爲田氏應劭注云始食采於田改姓田氏諸田徙園陵者多故以次第爲氏倫少介然有義行王莽末盜賊起宗族閭里爭往赴之倫乃依險固築營壁有賊輒奮厲其衆引彊持滿以拒之引彊謂弓弩之多力者控引之持滿不發也銅馬赤眉之屬前後數十輩皆不能下東觀記曰時米石萬錢人相食倫獨收養孤兄子外孫分糧共食死生相守鄉里以此賢之倫始以營長詣郡尹鮮于褒風俗通曰武王封箕子於朝鮮其子食采於朝鮮因氏焉褒見而異之署爲吏後褒坐事左轉高唐令高唐縣屬平原郡故城在今齊州祝阿縣西臨去握倫臂訣曰恨相知晚訣別也東觀記曰倫步擔往候之留十餘日將倫上堂令妻子出相對以屬託焉倫後爲鄉嗇夫平徭賦理怨結得人歡心自以爲久宦不達遂將家屬客河東變名姓自稱王伯齊載鹽往來太原上黨所過輒爲糞除而去糞除猶掃除也陌上號爲道士親友故人莫知其

處數年鮮于褒薦之於京兆尹閻興興卽召倫爲主簿時長安鑄錢多姦巧乃署倫爲督鑄錢掾領長安市[東觀記曰時長安市未有秩又鑄錢官姦軌所集無能整齊理之者興署倫督鑄錢掾領長安市其後小人爭訟皆云第五掾所平市無姦枉]倫平銓衡正斗斛市無阿枉百姓悅服每讀詔書常歎息曰此聖主也一見決矣等輩笑之曰爾說將尚不下安能動萬乘乎[華嶠書曰蓋延代鮮于褒爲馮翊多非法倫數切諫延恨之故滯不得舉將謂州將]倫曰未遇知己道不同故耳建武二十七年舉孝廉補淮陽國醫工長隨王之國光武召見甚異之二十九年從王朝京師隨官屬得會見帝問曰政事倫因此酬對政道帝大悅明日復特召入與語至夕帝戲謂倫曰聞卿爲吏篣婦公不過從兄飯寍有之邪倫對曰臣三娶妻皆無父少遭飢亂實不敢妄過人食[華嶠書曰上復曰聞卿爲市掾人有遺母一笥餅者卿從外來見之奪母笥探口中餅信乎倫對曰實無此衆人以臣愚蔽故爲生是語也]帝大笑倫出有詔曰爲扶夷長[扶夷縣屬零陵郡故城在今邵州武岡縣東北]未到官追拜會稽太守雖爲二千石躬自斬芻養馬妻執炊爨

受俸裁留一月糧餘皆賤貿與民之貧羸者會稽俗多淫祀好卜筮民常以牛祭神百姓財產以之困匱其自食牛肉而不以薦祠者發病且死先為牛鳴前後郡將莫敢禁倫到官移書屬縣曉告百姓其巫祝有依託鬼神詐怖愚民皆案論之有妄屠牛者吏輒行罰民初頗恐懼或祝詛妄言倫案之愈急後遂斷絕百姓以安永平五年坐法徵老小攀車叩馬嗁呼相隨日裁行數里不得前倫乃偽止亭舍陰乘船去眾知復追之及詣廷尉吏民上書守闕者千餘人是時顯宗方案梁松事亦多為松訟者帝患之詔公車諸為梁氏及會稽太守上書者勿復受會帝幸廷尉錄囚徒得免歸田里身自耕種不交通人物數歲拜為宕渠令（宕渠縣故城在今渠州流江縣東北）顯拔鄉佐玄賀賀後為九江沛二郡守以清潔稱所在化行終於大司農倫在職四年遷蜀郡太守蜀地肥饒人吏富實掾史家貲多

至千萬皆鮮車怒馬以財貨自達怒馬謂馬之肥壯其氣憤怒也倫悉簡其豐贍者遣還之更選孤貧志行之人以處曹任於是爭賕抑絕以財相貨曰賕音其又反又音求文職修理所舉吏多至九卿二千石時以爲知人視事七歲肅宗初立擢自遠郡代牟融爲司空帝以明德太后故尊崇舅氏馬廖兄弟並居職任廖等傾身交結冠蓋之士爭赴趣之倫以后族過盛欲令朝廷抑損其權上疏曰臣聞忠不隱諱直不避害不勝愚狷昧死自表狷狂狷也書曰臣無作威作福其害于而家凶于而國尚書洪範之言傳曰大夫無境外之交束脩之饋穀梁傳之文也束帛也脩脯也饋遺也近代光烈皇后雖友愛天至而卒使陰就歸國徙廢陰興賓客其後梁竇之家互有非法明帝即位竟多誅之自是洛中無復權戚書記請託一皆斷絕又譬諸外戚曰譬猶諭也苦身待士不如爲國戴盆望天事不兩施司馬遷書曰僕以爲戴盆何以望天也臣嘗刻著五藏書諸紳帶刻著五藏謂銘之於心也紳謂大帶垂之

三尺論語曰子張書諸紳也而今之議者復㠯馬氏爲言竊聞衛尉廖㠯布三千匹城門校尉防㠯錢二百萬私贍三輔衣冠知與不知莫不畢給又聞臘日亦遺其在洛中者錢各五千越騎校尉光臘用羊三百頭米四百斛肉五千斤臣愚㠯爲不應經義惶恐不敢㠯不聞陛下情欲厚之亦宜所㠯安之臣今言此誠欲上忠陛下下全后家裁蒙省察裁與纔同及馬防爲車騎將軍當出征西羌倫又上疏曰臣愚㠯爲貴戚可封侯㠯富之不當職事㠯任之何者繩㠯法則傷恩私㠯親則違憲伏聞馬防今當西征臣㠯太后恩仁陛下至孝恐卒有纖介難爲意愛恐卒然有小過愛而不罰則廢法也聞防請杜篤爲從事中郎多賜財帛篤爲鄉里所廢客居美陽女弟爲馬氏妻恃此交通在所縣令苦其不法收繫論之今來防所議者咸致疑怪況乃㠯爲從事將恐議及朝廷今宜爲選賢能㠯輔助之不可復令防自請人有

損事望（望怨望也）苟有所懷敢不自聞竝不見省用倫雖峭直（峭峻也）然常疾俗吏苛刻及爲三公值帝長者屢有善政乃上疏褒稱盛美因㠯勸成風德曰陛下卽位躬天然之德體晏晏之姿㠯寬弘臨下（尚書考靈耀曰堯文塞晏晏爾雅曰晏晏溫和也）出入四年前歲誅刺史二千石貪殘者六人（東觀漢記曰去年伏誅者刺史一人太守三人減死罪一人凡六人）斯皆明聖所鑒非羣下所及然詔書每下寬和而政急不解務存節儉而奢侈不止者咎在俗敝羣下不稱故也光武承王莽之餘頗㠯嚴猛爲政後代因之遂成風化郡國所舉類多辦職俗吏殊未有寬博之選㠯應上求者也陳留令劉豫冠軍令駟協竝㠯刻薄之姿臨人宰邑專念掠殺務爲嚴苦吏民愁怨莫不疾之而今之議者反㠯爲能違天心失經義誠不可不愼也非徒應坐豫協亦當宜譴舉者（譴責也）務進仁賢㠯任時政不過數人則風俗自化矣臣嘗讀書記知秦㠯酷急亡國又目見王

莽亦以苛法自滅故勤勤懇懇實在於此又聞諸王主貴戚驕奢踰制京師尚然何以示遠故曰其身不正雖令不從（論語孔子之言）以身教者從以言教者訟夫陰陽和歲乃豐君臣同心化乃成也其刺史太守以下拜除京師及道出洛陽者宜皆召見可因博問四方兼以觀察其人諸上書言事有不合者可但報歸田里不宜過加喜怒以明在寬臣愚不足採及諸馬得罪歸國而竇氏始貴倫復上疏曰臣得以空虛之質當輔弼之任素性駑怯位尊爵重拘迫大義思自策厲雖遭百死不敢擇地又況親遇危言之世哉（論語孔子曰邦有道危言危行邦無道危行言遜鄭玄注云危猶高也據時高言高行必見危故以爲諭也）今承百王之敝人尚文巧咸趨邪路莫能守正伏見虎賁中郎將竇憲椒房之親（后妃以椒塗壁取其繁衍多子故曰椒房）典司禁兵出入省闥年盛志美卑謙樂善此誠其好士交結之方然諸出入貴戚者類多瑕釁禁錮之人尤少守約安貧之節士大夫無

志之徒更相販賣雲集其門衆煦飄山聚蚊成雷（前書中山靖王之語）益驕佚所從生也三輔論議者至云以貴戚廢錮當復以貴戚浣濯之猶解酲當以酒也（病酒曰酲）詖險趣埶之徒誠不可親近（蒼頡篇曰詖佞諂也）臣愚願陛下中宮嚴勑憲等閉門自守無妄交通士大夫防其未萌慮於無形令憲永保福祿君臣交歡無纖介之隙此臣之至所願也倫奉公盡節言事無所依違諸子或時諫止輒叱遣之吏人奏記及便宜者亦并封上其無私若此性質慤少文采在位以貞白稱時人方之前朝貢禹（前書曰貢禹字少翁琅邪人也以明經潔行著聞）然少蘊藉不修威儀（蘊藉猶寬博也）亦以此見輕或問倫曰公有私乎對曰昔人有與吾千里馬者吾雖不受每三公有所選舉心不能忘而亦終不用也吾兄子常病一夜十往退而安寢吾子有疾雖不省視而竟夕不眠若是者豈可謂無私乎連以老病上疏乞身元和三年賜策罷以二千石奉終其

身加賜錢五十萬公宅一區後數年卒時年八十餘詔賜祕器衣衾錢布少子頡嗣歷桂陽廬江南陽太守所在見稱順帝之爲太子廢也樊豐等譖之廢爲濟陰王頡爲太中大夫與太僕來歷等共守闕固爭帝即位擢爲將作大匠卒官三輔決錄注曰頡字子陵爲郡功曹州從事公府辟舉高第爲侍御史南頓令桂陽南陽廬江三郡太守諫議大夫洛陽無主人鄉里無田宅客止靈臺中或十日不炊司隸校尉南陽左雄太史令張衡尚書廬江朱建孟興皆與頡故舊各致禮餉頡終不受倫曾孫種

論曰第五倫峭覈爲方峭覈謂其性峻急好窮覈事情非夫愷悌之士省其奏議惇惇歸諸寬厚惇惇純厚之貌也音敦將懲苛切之敝使其然乎昔人㠯弦韋爲佩蓋猶此矣韓子曰西門豹性急佩韋以自緩董安于性緩佩弦以自急也然而君子侈不僭上儉不偪下禮記曰管仲鏤簋而朱紘旅樹而反坫山節藻棁賢大夫也而難爲上也晏平仲祀其先人豚肩不掩豆賢大夫也而難爲下也君子上不僭上下不偪下豈尊臨千里而與牧圉等庸乎詎非矯激則未可㠯中和言也

種字興先少厲志義爲吏冠名州郡永壽中㠯司徒掾清詔使冀州廉察灾害風俗通曰汝南周勃辟太尉清詔使荆州又此言以司徒清詔使冀州蓋三公府有清詔員以承詔使也廉察也舉奏刺史二

千石以下所刑免甚衆弃官奔走者數十人還以奉使稱職拜高密侯相是時徐兗二州盜賊羣輩高密在二州之郊種乃大儲糧稸勤厲吏士賊聞皆憚之桴鼓不鳴流民歸者歲終至數千家桴擊鼓杖也音浮以能換爲衛相周後衛公也遷兗州刺史中常侍單超兄子匡爲濟陰太守負埶貪放種欲收舉未知所使會聞從事衛羽素抗厲乃召羽具告之謂曰聞公不畏彊禦今欲相委以重事若何對曰願庶幾於一割以鉛刀諭羽出遂馳至定陶閉門收匡賓吏親客四十餘人六七日中糾發其贓五六千萬種卽奏匡并以劾超匡窘迫遣刺客刺羽羽覺其姦乃收繫客具得情狀州內震慄朝廷嗟歎之是時泰山賊叔孫無忌等暴橫一境州郡不能討羽說種曰中國安寧忘戰日久而泰山險阻寇猾不制今雖有精兵難以赴敵羽請往譬降之種敬諾羽乃往備說禍福無忌卽帥其黨與三千餘人

降單超積懷忿恨遂㠯事陷種竟坐徙朔方超外孫董援爲朔方太守稸怒㠯待之初種爲衛相㠯門下掾孫斌賢善遇之及當徙斥斌具聞超謀乃謂其友人同縣閭子直及高密甄子然曰蓋盜憎其主從來舊矣第五使君當投裔土而單超外屬爲彼郡守夫危者易仆可爲寒心吾今方追使君庶免其難若奉使君㠯還將㠯付子二人曰子其行矣是吾心也於是斌將俠客晨夜追種及之於太原遮險格殺送吏因下馬與種斌自步從一日一夜行四百餘里遂得脫歸種匿於閭甄氏數年徐州從事臧旻上書訟之曰臣聞士有忍死之辱必有就事之計故季布屈節於朱家前書曰季布楚人爲任俠有名數窘漢王高祖購求布千金布匿濮陽周氏周氏曰漢求將軍急敢進計布許之乃髡鉗布衣褐并其家僮之魯朱家所賣之朱家買置田舍言之高祖赦之後爲河東守管仲錯行於召忽說苑子路問於孔子曰昔者管仲欲立公子糾而不能召忽死之管仲不死是無仁也孔子曰召忽者人臣之材不死則三軍之虜也死之則名聞於天下矣何爲不死死哉管子者天子之佐諸侯之相也死之則不免於溝瀆之中不死則功復用於天下夫何爲死之哉錯猶乖也此二臣㠯可死而

不死者非愛身於須臾貪命於苟活隱其智力顧其權略庶幸逢時有所爲耳卒遭高帝之成業齊桓之興伯遺其亡逃之行赦其射鉤之讎拔於囚虜之中信其佐國之謀信音申勳效傳於百世君臣載於篇籍假令二主紀過於纖介則此二臣同死於犬馬沈名於溝壑當何由得申其補過之功建其奇與之術乎伏見故兖州刺史第五種傑然自建在鄉曲無苞苴之嫌苞苴饋遺也步朝堂無擇言之闕口無可擇之言也天性疾惡公方不曲故論者說清高以種爲上序直士以種爲首春秋之義選人所長弃其所短錄其小善除其大過種所坐以盜賊公負筋力未就太山之賊種不能討是力不足以禁之法當公坐故云公負也臯至微徙非有大惡昔虞舜事親大杖則走家語孔子謂曾子之言也故種逃亡苟全性命冀有朱家之路以顯季布之會願陛下無遺須臾之恩令種有持忠入地之恨會赦出卒於家

鍾離意字子阿會稽山陰人也少爲郡督郵時部縣亭長有受人酒禮者府下記案考之（記文符也案察之也）意封還記入言於太守曰春秋先內後外（公羊傳曰春秋內其國而外諸夏內諸夏而外夷狄）詩云刑於寡妻㠯御於家邦（詩大雅之文刑見也御治也）明政化之本由近及遠今宜先清府內且闊略遠縣細微之愆太守甚賢之遂任㠯縣事建武十四年會稽大疫死者萬數（疫癘氣也）意獨身自隱親經給醫藥（隱親謂親自隱恤之經給謂經營濟給之）所部多蒙全濟舉孝廉再遷辟大司徒侯霸府詔部送徒詣河內時冬寒徒病不能行路過弘農意輒移屬縣使作徒衣縣不得已與之而上書言狀意亦具㠯聞光武得奏㠯見霸曰君所使掾何乃仁於用心誠良吏也意遂於道解徒桎梏（在手曰梏在足曰桎）恣所欲過與剋期俱至無或違者還㠯病免後除瑕丘令（瑕丘今兖州縣也）吏有檀建者盜竊縣內意屏人問狀建叩頭服罪不忍加刑遣令長休建父聞之爲建設酒謂曰吾聞無

道之君以刃殘人有道之君以義行誅子罪命也遂令建進藥而死二十五年遷堂邑令堂邑故城在今博州堂邑縣西北縣人防廣爲父報讎繫獄其母病死廣哭泣不食意憐傷之乃聽廣歸家使得殯斂丞掾皆爭意曰罪自我歸義不累下遂遣之言罪歸於我不累於丞掾廣斂母訖果還入獄意密以狀聞廣竟得以減死論顯宗即位徵爲尚書時交阯太守張恢坐臧千金徵還伏法以資物簿入大司農簿文記也詔班賜羣臣意得珠璣悉以委地而不拜賜帝怪而問其故對曰臣聞孔子忍渴於盜泉之水曾參回車於勝母之閭惡其名也說苑曰邑名勝母曾子不入水名盜泉仲尼不飲醜其名也尸子又載其言此臧穢之寶誠不敢拜帝嗟歎曰清乎尚書之言乃更以庫錢三十萬賜意轉爲尚書僕射車駕數幸廣成苑意以爲從禽廢政常當車陳諫般樂遊田之事天子即時還宮永平三年夏旱而大起北宮意詣闕免冠上疏曰伏見陛下以天時小旱憂念

元元降避正殿躬自克責而比日密雲遂無大潤易曰密雲不雨自我西郊豈政有未得應天心者邪昔成湯遭旱以六事自責曰政不節邪使人疾邪宮室榮邪女謁盛邪苞苴行邪讒夫昌邪帝王紀曰成湯大旱七年齋戒翦髮斷爪以己為犧牲禱於桑林之社以六事自責竊見北宮大作人失農時此所謂宮室榮也自古非苦宮室小狹但患人不安寍宜且罷止以應天心臣意以匹夫之才無有行能久食重祿擢備近臣比受厚賜喜懼相并不勝愚戇征營辠當萬死征營不自安也帝策詔報曰湯引六事咎在一人其冠履勿謝比上天降旱密雲數會朕戚然慙懼思獲嘉應故分布禱請闚候風雲北祈明堂南設雩場明堂在洛陽城南言北祈者蓋時修雩場在明堂之南今又勑大匠止作諸宮減省不急庶消災譴詔因謝公卿百僚遂應時澍雨焉說文云雨所以澍生萬物故曰澍音注時詔賜降胡子縑尚書案事誤以十為百帝見司農上簿大怒召郎將笞之意因入叩頭曰過誤之失常人所容若以懈

慢爲愆則臣位大辠重郎位小辠輕咎皆在臣臣當先坐乃解衣就格（格拘執也）帝意解使復冠而貰郎帝性褊察好以耳目隱發爲明（隱猶私也）故公卿大臣數被詆毀近臣尚書以下至見提拽常以事怒郎藥崧以杖撞之崧走入牀下帝怒甚疾言曰郎出郎出崧曰天子穆穆諸侯煌煌（曲禮之文也穆穆美也煌煌盛也）未聞人君自起撞郎帝赦之朝廷莫不悚慄爭爲嚴切以避誅責唯意獨敢諫爭數封還詔書臣下過失輒救解之會連有變異意復上疏曰伏惟陛下躬行孝道修明經術郊祀天地畏敬鬼神憂恤黎元勞心不怠而天氣未和日月不明（易通卦驗曰愚智同位則日月無光）水泉湧溢寒暑違節者咎在羣臣不能宣化理職而以苛刻爲俗吏殺良人繼踵不絕百官無相親之心吏人無雍雍之志（爾雅曰雍雍和也）至於骨肉相殘毒害彌深感逆和氣以致天災百姓可以德勝難以力服先王要道民用和睦故能致天下和

平災害不生禍亂不作鹿鳴之詩必言宴樂者鹿鳴詩小雅宴羣臣也其詩曰呦呦鹿鳴食野之苹我有嘉賓鼓瑟吹笙以人神之心洽然後天氣和也願陛下垂聖德揆萬機詔有司慎人命緩刑罰順時氣以調陰陽垂之無極帝雖不能用然知其至誠亦以此故不得久留出爲魯相意別傳曰意爲魯相到官出私錢萬三千文付戶曹孔訢修夫子車身入廟拭几席劒履男子張伯除堂下草土中得玉璧七枚伯懷其一以六枚白意意令主簿安置几前孔子教授堂下牀首有懸甕意召孔訢問此何甕也對曰夫子甕也背有丹書人莫敢發也意曰夫子聖人所以遺甕欲以懸示後賢因發之中得素書文曰後世修吾書董仲舒護吾車拭吾履發吾笥會稽鍾離意璧有七張伯藏其一意卽召問伯果服焉後德陽殿成漢宮殿名曰北宮中有德陽殿百官大會帝思意言謂公卿曰鍾離尚書若在此殿不立意視事五年以愛利爲化東觀記曰意在堂邑爲政愛利輕刑愼罰撫循百姓如赤子初到縣市無屋意出奉錢帥人作屋人齎茅竹或持材木爭起趨作決日而成功作既畢謂解土祝曰興工役者令百姓無事如有禍祟令自當之人皆大悅人多殷富以久病卒官遺言上書陳升平之世難以急化宜少寬假帝感傷其意下詔嗟歎賜錢二十萬藥崧者河內人天性朴忠家貧爲郎常獨直臺上無被枕杫杫音思漬反謂俎几也方言云蜀漢之郊曰杫食糟糠帝每夜入臺輒見崧問其

故甚嘉之自此詔太官賜尚書已下朝夕餐給帷被皂袍及侍史二人蔡質漢官儀曰尚書郎入直臺中官供新青縑白綾被或錦被晝夜更宿帷帳畫通中枕卧旃蓐冬夏隨時改易太官供食五日一美食下天子一等尚書郎伯使二人女侍史二人皆選端正者伯使從至止車門還女侍史絜被服執香爐燒燻從入臺中給使護衣服也崧官至南陽太守

宋均字叔庠南陽安衆人也父伯建武初為五官中郎將均以父任為郎時年十五好經書每休沐日輒受業博士通詩禮善論難至二十餘調補辰陽長辰陽今辰州辰溪縣其俗少學者而信巫鬼均為立學校禁絕淫祀人皆安之以祖母喪去官客游潁川後為謁者會武陵蠻反圍武威將軍劉尚詔使均乘傳發江夏奔命三千人往救之前書音義曰擢選精勇聞命奔走謂之奔命也既至而尚已沒會伏波將軍馬援至詔因令均監軍與諸將俱進賊拒阨不得前及馬援卒於師軍士多溫溼疾病死者大半均慮軍遂不反乃與諸將議曰今道遠士病不可以戰欲權承制降之何如諸將皆伏地莫敢應均曰夫忠臣出竟有

可以安國家專之可也（公羊傳曰聘禮大夫受命不受辭出境有以安社稷全國家者則專之可也）乃矯制調伏波司馬呂种守沅陵長命种奉詔書入虜營告以恩信因勒兵隨其後蠻夷震怖卽共斬其大帥而降於是入賊營散其衆遣歸本郡爲置長吏而還均未至先自劾矯制之罪光武嘉其功迎賜以金帛令過家上冢其後每有四方異議數訪問焉遷上蔡令時府下記禁人喪葬不得侈長（長音直亮反禁之不得奢侈有餘）均曰夫送終踰制失之輕者今有不義之民尚未循化而遽罰過禮非政之先竟不肯施行遷九江太守郡多虎暴數爲民患常募設檻穽而猶多傷害（檻爲機以捕獸穽謂穿地陷之）均到下記屬縣曰夫虎豹在山黿鼉在水各有所託且江淮之有猛獸猶北土之有雞豚也今爲民患咎在殘吏而勞勤張捕非憂恤之本也其務退姦貪思進忠善可一去檻穽除削課制其後傳言虎相與東游度江中元元年山陽楚沛多蝗其飛至九江

界者輒東西散去由是名稱遠近浚遒縣有唐后二山民共祠之（浚遒縣屬廬江郡故城在今廬州愼縣南）衆巫遂取百姓男女一㠯爲公嫗（以男爲山公以女爲山嫗猶祭之有戶主也）歲歲改易旣而不敢嫁娶前後守令莫敢禁均乃下書曰自今㠯後爲山娶者皆娶巫家勿擾良民于是遂絶永平元年遷東海相在郡五年坐法免官客授潁川而東海吏民思均恩化爲之作歌詣闕乞還者數千人顯宗㠯其能七年徵拜尚書令每有駮議多合上旨均嘗刪翦疑事帝㠯爲有姦大怒收郎縛格之諸尚書惶恐皆叩頭謝罪均顧厲色曰盍忠臣執義無有二心若畏威失正均雖死不易志小黄門在傍入具㠯聞帝善其不撓卽令貰郎遷均司隸校尉數月出爲河內太守政化大行均嘗寢病百姓耆老爲禱請旦夕問起居其爲民愛若此㠯疾上書乞免詔除子條爲太子舍人均自扶輿詣闕謝恩帝使中黄門慰問因留養疾司徒

缺帝以均才任宰相召入視其疾令兩騶扶之（騶養馬者亦曰騶騎）均拜謝曰天罰有罪所苦浸篤不復奉望帷幄因流涕而辭帝甚傷之召條扶侍均出賜錢三十萬均性寬和不喜文法常以為吏能弘厚雖貪汙放縱猶無所害至於苛察之人身或廉法而巧黠刻削毒加百姓災害流亡所由而作及在尚書恆欲叩頭爭之以時方嚴切故遂不敢陳帝後聞其言而追悲之建初元年卒于家族子意

意字伯志父京以大夏侯尚書教授（夏侯勝也）至遼東太守意少傳父業顯宗時舉孝廉以召對合旨擢拜阿陽侯相（阿陽縣屬天水郡故城在今秦州隴城縣西北）建初中徵為尚書肅宗性寬仁而親親之恩篤故叔父濟南中山二王每數入朝特加恩寵及諸昆弟並留京師不遣就國意以為人臣有節不宜踰禮過恩乃上疏諫曰陛下至孝烝烝恩愛隆深以濟南王康中山王焉先帝昆弟特蒙禮寵聖情戀戀不忍遠離比

年朝見久留京師崇㠯叔父之尊同之家人之禮車入殿門卽席不拜分甘損膳賞賜優渥昔周公懷聖人之德有致太平之功然後王曰叔父加㠯賜幣詩魯頌曰王曰叔父建爾元子俾侯于魯尚書曰周公旣成洛邑成王命召公出取幣錫周公也今康焉幸㠯支庶享食大國陛下卽位蠲除前過還所削黜衍食它縣衍謂流衍傍食它縣男女少長並受爵邑恩寵踰制禮敬過度春秋之義諸父昆弟無所不臣所㠯尊尊卑卑彊幹弱枝者也陛下德業隆盛當爲萬世典法不宜㠯私恩損上下之序失君臣之正又西平王羡等六王皆妻子成家官屬備具當蚤就蕃國爲子孫基阯而室第相望久磐京邑磐謂盤桓不去婚姻之盛過於本朝僕馬之衆充塞城郭驕奢僭擬寵祿隆過今諸國之封並皆膏腴風氣平調道路夷近朝聘有期行來不難宜割情不忍㠯義斷恩禮記曰門內之政恩揜義門外之政義斷恩發遣康焉各歸蕃國令羡等速就便時行日取便利之時也㠯塞衆望帝納之章

和二年鮮卑擊破北匈奴而南單于乘此請兵北伐因欲還歸舊庭時竇太后臨朝議欲從之意上疏曰夫戎狄之隔遠中國幽處北極爾雅曰東至於泰遠西至於邠國南至於濮鉛北至於祝栗謂之四極也界以沙漠簡賤禮義無有上下彊者爲雄弱卽屈服自漢興以來征伐數矣其所尅獲曾不補害光武皇帝躬服金革之難深昭天地之明故因其來降羈縻畜養邊人得生勞役休息於茲四十餘年矣今鮮卑奉順斬獲萬數中國坐享大功享受也而百姓不知其勞漢興功烈於斯爲盛所以然者夷虜相攻無損漢兵者也臣察鮮卑侵伐匈奴正是利其抄掠及歸功聖朝實由貪得重賞今若聽南虜還都北庭則不得不禁制鮮卑鮮卑外失暴掠之願內無功勞之賞豺狼貪婪必爲邊患今北虜西遁請求和親宜因其歸附以爲外扞巍巍之業無以過此若引兵費賦以順南虜則坐失上略去安卽危矣誠不可許會南

單于竟不北徙遷司隸校尉永元初大將軍竇憲兄弟貴盛步兵校尉鄧疊河南尹王調故蜀郡太守廉范等羣黨出入憲門負埶放縱意隨違舉奏無所回避由是與竇氏有隙二年病卒孫俱靈帝時爲司空漢官儀曰字伯儷也

寒朗字伯奇魯國薛人也生三日遭天下亂弃之荊棘數日兵解母往視猶尚氣息遂收養之及長好經學博通書傳以尚書教授舉孝廉永平中以謁者守侍御史與三府掾屬共考案楚獄顏忠王平等辭連及隧鄉侯耿建朗陵侯臧信護澤侯鄧鯉曲成侯劉建建等辭未嘗與忠平相見是時顯宗怒甚吏皆惶恐諸所連及率一切陷入無敢以情恕者朗心傷其冤試以建等物色獨問忠平物色謂形狀也而二人錯愕不能對錯愕音猶倉卒也錯音七故反愕音五故反朗知其詐乃上言建等無姦專爲忠平所誣疑天下無辜類多如此乃召朗入問曰

建等卽如是忠乎何故引之朗對曰忠乎自知所犯不道故多有虛引冀曰自明帝曰卽如是四侯無事何不早奏獄竟而久繫至今邪朗對曰臣雖考之無事然恐海內別有發其姦者故未敢時上（時上猶卽上也上音時掌反）帝怒罵曰吏持兩端促提下左右方引去朗曰願一言而死小臣不敢欺欲助國耳帝問曰誰與共爲章對曰臣自知當必族滅不敢多汚染人誠冀陛下一覺悟而已臣見考四在事者咸共言妖惡大過臣子所宜同疾今出之不如入之可無後責是已考一連十考十連百又公卿朝會陛下問已得失皆長跪言舊制大辠禍及九族陛下大恩裁止於身天下幸甚及其歸舍口雖不言而仰屋竊歎莫不知其多冤無敢牾陛下者臣今所陳誠死無悔帝意解詔遣朗出後二日車駕自幸洛陽獄錄囚徒理出千餘人後平忠死獄中朗乃自繫會赦免官復舉孝廉建初中肅

宗大會羣臣朗前謝恩詔以朗納忠先帝拜爲易長易今易州縣也歲餘遷濟陽令以母喪去官百姓追思之章和元年上行東巡狩過濟陽三老吏人上書陳朗前政治狀帝至梁召見朗詔三府爲辟首由是辟司徒府永元中再遷清河太守坐法免永初三年太尉張禹薦朗爲博士徵詣公車會卒時八十四

論曰左丘明有言仁人之言其利博哉晏子一言齊侯省刑左氏傳曰齊景公謂晏子曰子之宅近市識貴賤乎於是景公繁於刑有鬻踊者故對曰踊貴而屨賤景公爲是省於刑君子曰仁人之言其利博哉踊謂刖足者屨若鍾離意之就格請過寒朗之廷爭冤獄篤矣乎仁者之情也夫正直本於忠誠則不詭詭詐也本於諫爭則絞切論語孔子曰直而無禮則絞絞急也彼二子之所本得乎天故言信而志行也言而見信諫而必從故曰志行

贊曰伯魚子阿知急去苛臨官以絜匡帝以奢宋均達政禁此妖禜禜祭也于命反禽蟲畏德子民請病謂人爲之請禱也意明尊尊割恩藩屏穀梁傳曰爲尊者諱

敵爲親者諱敗尊尊親親之意也意諫令諸王歸藩故云割恩藩屏音協韻必政反惵惵楚黎寒君爲命惵惵懼也黎衆也

第五離鍾宋寒列傳第三十一

後漢書四十一

光武十王列傳第三十二　後漢書四十二

唐章懷太子賢注

光武皇帝十一子郭皇后生東海恭王彊沛獻王輔濟南安王康阜陵質王延中山簡王焉許美人生楚王英光烈皇后生顯宗東平憲王蒼廣陵思王荆臨淮懷公衡琅邪孝王京

東海恭王彊建武二年立母郭氏爲后彊爲皇太子十七年而郭后廢彊常慼慼不自安數因左右及諸王陳其懇誠願備蕃國光武不忍遲回者數歲乃許焉十九年封爲東海王二十八年就國帝以彊廢不以過去就有禮故優以大封兼食魯郡合二十九縣賜虎賁旄頭宮殿設鐘虡之縣擬於乘輿虎賁旄頭鐘虡解見光武紀縣音玄彊臨之國數上書讓還東海又因皇太子固辭帝不許深嘉歎之以彊章宣示公卿初魯恭王好宮室起靈光殿甚壯麗是時猶存恭王名餘景帝之子殿在今兗

州曲阜城中故基東西二十丈南北十二丈高丈餘也故詔彊都魯中元元年入朝從封岱山因留京師明年春帝崩冬歸國永平元年彊病顯宗遣中常侍鉤盾令將太醫乘驛視疾詔沛王輔濟南王康淮陽王延詣魯及薨臨命上疏謝曰臣蒙恩得備蕃輔特受二國宮室禮樂事事殊異巍巍無量訖無報稱而自修不謹連年被疾爲朝廷憂念皇太后陛下哀憐臣彊感動發中數遣使者太醫令丞方伎道術絡繹不絕臣伏惟厚恩不知所言臣內自省視氣力羸劣日夜浸困浸漸也終不復望見闕庭奉承幃幄孤負重恩銜恨黃泉杜預注左傳云地中之泉故曰黃泉身既夭命孤弱復爲皇太后陛下憂慮誠悲誠慙息政小人也猥當襲臣後必非所以全利之也誠願還東海郡天恩愍哀以臣無男之故無男無多男也處臣三女小國侯前婦人封侯也若呂后之妹呂須封爲臨光侯蕭何夫人封爲酇侯之類此臣宿昔常計私計天恩不敢忘也今天下新罹大憂光武崩也惟陛下加供養皇太后數進御餐

臣彊困劣，言不能盡意，願並謝諸王，不意永不復相見也。」天子覽書悲慟，從太后出幸津門亭發哀，（津門，洛陽南面西頭門也，一名津陽門。每門皆有亭。）使大司空持節護喪事，大鴻臚副，宗正、將作大匠視喪事，贈以殊禮，升龍、旄頭、鸞輅、龍旂、虎賁百人，（解並見光武及明帝紀。）詔楚王英、趙王栩、北海王興、館陶公主、比陽公主及京師親戚四姓夫人、小侯皆會葬。（四姓小侯解見明帝紀。夫人蓋小侯之母也。）帝追惟彊深執謙儉，不欲厚葬以違其意，於是特詔中常侍杜岑及東海傅相曰：「王恭謙好禮，以德自終，遣送之物，務從約省，衣足斂形，茅車瓦器，物減於制，以彰王卓爾獨行之志。（前書曰「卓爾不羣」者，河間獻王近之矣。）將作大匠留起陵廟。」彊立十八年，年三十四。子靖王政嗣。政淫欲薄行。後中山簡王薨，政詣中山會葬，私取簡王姬徐妃，又盜迎掖庭出女。豫州刺史、魯相奏請誅政，有詔削薛縣。立四十四年薨，子頃王肅嗣。永元十六年，封肅弟二十一人皆爲列侯。肅性謙儉循恭王法度永初中以西羌未平上錢二千萬元初中復上縑萬匹以助國費鄧太后下詔褒納焉立二十三年薨子孝王臻嗣永建二年封臻二弟敏儉爲鄉侯臻及弟蒸鄉侯儉並有篤行母卒皆吐血毀眥（眥或爲瘠）至服練紅兄弟追念初喪父幼小哀禮有闕因復重行喪制（既祥之後而服練也禮記曰練衣黃裏縓緣縓即紅也縓音七絹反鄭玄注周禮曰淺絳也）臻性敦厚有恩常分租秩賑給諸父昆弟國相籍褒具以狀聞順帝美之制詔大將軍三公大鴻臚曰東海王臻以近蕃之尊少襲王爵膺受多福未知艱難而能克己率禮孝敬自然事親盡愛送終竭哀降儀從士寢苫三年（左氏傳曰晏桓子卒晏嬰麤縗斬苴絰帶杖菅屨食粥居倚廬寢苫枕草其家老曰非大夫之禮也杜預注云時士及大夫哀服各有不同）和睦兄弟恤養孤弱至孝純備仁義兼弘朕甚嘉焉夫勸善厲俗爲國所先曩者東平孝王敞兄弟行孝喪母如禮有增戶之封詩云永世克孝念茲皇祖（詩周頌之文克能也）今增臻封五千戶儉五百戶光啓

土宇以酬厥德立三十一年薨子懿王祇嗣初平四年遣子琬至長安奉章獻帝封琬汶陽侯拜爲平原相祇立四十四年薨子羨嗣二十年魏受禪以爲崇德侯

沛獻王輔建武十五年封右馮翊公十七年郭后廢爲中山太后故徙輔爲中山王并食常山郡二十年復徙封沛王時禁網尚疏諸王皆在京師競修名譽爭禮四方賓客壽光侯劉鯉更始子也得幸於輔鯉怨劉盆子害其父因輔結客報殺盆子兄故式侯恭輔坐繫詔獄三日乃得出自是後諸王賓客多坐刑罰各循法度二十八年就國中元二年封輔子寶爲沛侯永平元年封寶弟嘉爲僮侯（僮縣屬臨淮郡故城在今泗州宿預縣西南）輔矜嚴有法度好經書善說京氏易孝經論語傳及圖讖作五經論時號之曰沛王通論在國謹節終始如一稱爲賢王顯宗敬重數加賞賜立四十六年薨子釐王定嗣

釐音僖下皆同元和二年封定弟十二人爲鄉侯定立十一年薨子節王正嗣元興元年封正弟二人爲縣侯正立十四年薨子孝王廣嗣有固疾安帝詔廣祖母周領王家事周明正有法禮漢安中薨順帝下詔曰沛王祖母太夫人周秉心淑慎導王以仁使光祿大夫贈以妃印綬廣立三十五年薨子幽王榮嗣立二十年薨子孝王琮嗣薨子恭王曜嗣薨子契嗣魏受禪以爲崇德侯

楚王英以建武十五年封爲楚公十七年進爵爲王二十八年就國母許氏無寵故英國最貧小三十年以臨淮之取慮須昌二縣益楚國取慮縣故城在今泗州下邳縣西南案臨淮無須昌有昌陽縣蓋誤也取慮音秋閭自顯宗爲太子時英常獨歸附太子太子特親愛之及卽位數受賞賜永平元年特封英舅子許昌爲龍舒侯龍舒縣屬廬江郡故城在今廬江縣西也英少時好游俠交通賓客晚節更喜黃老學爲浮屠齋戒祭祀袁宏漢記浮屠佛也西域天竺國有佛道焉佛者漢言覺也將以覺悟羣生也其教以修善慈心爲

主不殺生專務清靜其精者爲沙門沙門漢言息也蓋息意去欲而歸於無爲又以爲人死精神不滅隨復受形生時善惡皆有報應故貴行善修道以錬精神以至無生而得爲佛也佛長丈六尺黄金色項中佩日月光變化無方無所不入而大濟羣生初明帝夢見金人長大項有日月光以問羣臣或曰西方有神其名曰佛陛下所夢得無是乎於是遣使天竺問其道術而圖其形像焉

八年詔令天下死罪皆入縑贖英遣郎中令奉黄縑白紈三十匹詣國相曰託在蕃輔過惡累積歡喜天恩奉送縑帛以贖愆咎國相以聞詔報曰楚王誦黄老之微言尚浮屠之仁祠潔齋三月與神爲誓何嫌何疑當有悔吝其還贖以助伊蒲塞桑門之盛饌伊蒲塞卽優婆塞也中華翻爲近住言受戒行堪近僧住也桑門卽沙門因以班示諸國中傅英後遂大交通方士作金龜玉鶴刻文字以爲符瑞十三年男子燕廣告英與漁陽王平顔忠等造作圖書有逆謀事下案驗有司奏英招聚姦猾造作圖讖擅相官秩置諸侯王公將軍二千石大逆不道請誅之帝以親親不忍乃廢英徙丹陽涇縣今宣州縣也賜湯沐邑五百戶湯沐解見皇后紀也遣大鴻臚持節護送使伎人奴婢工技鼓吹悉從得乘輜輧輧猶屏也自隱

蔽之車蒼頡篇曰衣車也持兵弩行道射獵極意自娛男女爲侯主者食邑如故楚太后勿上璽綬留住楚宮明年英至丹陽自殺立三十三年國除詔遣光祿大夫持節弔祠贈賵如法加賜列侯印綬以諸侯禮葬於涇遣中黃門占護其妻子占護猶守護也悉出楚官屬無辭語者制詔許太后曰國家始聞楚事幸其不然既知審實懷用悼灼庶欲宥全王身令保卒天年而王不念顧太后竟不自免此天命也無可奈何太后其保養幼弱勉彊飲食諸許願王富貴人情也已詔有司出其有謀者令安田宅於是封燕廣爲折姦侯楚獄遂至累年其辭語相連自京師親戚諸侯州郡豪傑及考案吏阿附相陷坐死徙者以千數十五年帝幸彭城見許太后及英妻子於內殿悲泣感動左右建初二年肅宗封英子楚侯种五弟皆爲列侯並不得置相臣吏人元和三年許太后薨復遣光祿大夫持節弔祠因

留護喪事賻錢五百萬又遣謁者備王官屬迎英喪改葬彭城加王赤綬羽蓋華藻如嗣王儀續漢輿服志曰諸侯王赤綬四采長二丈一尺皇子安車青蓋金華藻追爵諡曰楚厲侯章和元年帝幸彭城見英夫人及六子厚加贈賜种後從封六侯六縣名屬廬江郡卒子度嗣度卒子拘嗣傳國於後

濟南安王康建武十五年封濟南公十七年進爵爲王二十八年就國三十年以平原之祝阿安德朝陽平昌隰陰重丘六縣益濟南國中元二年封康子德爲東武城侯東武城屬淸河郡今貝州武城縣是康在國不循法度交通賓客其後人上書告康招來州郡姦猾漁陽顏忠劉子產等又多遺其繒帛案圖書謀議不軌事下考有司舉奏之顯宗以親親故不忍窮竟其事但削祝阿隰陰東朝陽安德西平昌五縣東朝陽在今齊州臨濟縣東西平昌今德州般縣也般音補滿反建初八年肅宗復還所削地康遂多殖財貨大修宮室奴婢至千四百人廄馬千二百匹私田八百頃奢侈

恣欲游觀無節永元初國傳何敞上疏諫康曰蓋聞諸侯之義制節謹度然後能保其社稷和其人民大王以骨肉之親享食茅土當施張政令明其典法出入進止宜有期度輿馬臺隸應爲科品臺隸賤職也左氏傳曰人有十等王臣公公臣卿卿臣大夫大夫臣士士臣皁皁臣輿輿臣隸隸臣僚僚臣僕僕臣臺也而今奴婢廄馬皆有千餘增無用之口以自蠶食言如蠶之食漸至衰盡也宮婢閉隔失其天性感亂和氣又多起內第觸犯防禁費以巨萬巨大也大萬謂萬萬而功猶未半夫文繁者質荒木勝者人亡荒廢也文彩繁多則質以之廢土木增構則人殫其力故云人亡皆非所以奉禮承上傳福無窮者也故楚作章華以凶左氏傳楚靈王成章華之臺後卒被殺杜預注云臺在今南郡華容縣也吳興姑蘇而滅姑蘇臺一名姑胥臺越絕書曰胥門外有九曲路闔廬以游姑蘇之臺以望月中顧夷吳地記云橫山北有小山俗謂姑蘇臺今在蘇州吳縣西闔廬後被越殺之景公千駟民無稱焉論語齊景公有馬千駟死之日人無德而稱焉千駟四千匹今數游諸第晨夜無節又非所以遠防未然臨深履薄之法也願大王修恭儉遵古制省奴婢之口減乘馬之數斥私田之富節游觀之宴以禮起居則

敞乃敢安心自保惟大王深慮愚言康素敬重敞雖無所嫌悟然終不能改立五十九年薨子簡王錯嗣錯七故反錯爲太子時愛康鼓吹妓女宋閏使醫張尊招之不得錯怒自以劍刺殺尊國相舉奏有詔勿案永元十二年封錯弟七人爲列侯錯立六年薨子孝王香嗣永初二年封香弟四人爲列侯香篤行好經書初叔父篤有罪不得封西平昌侯昱坐法失侯香乃上書分爵土封篤子丸昱子嵩皆爲列侯香立二十年薨無子國絕永建元年順帝立錯子阜陽侯顯爲嗣是爲釐王立三年薨子悼王廣嗣永建五年封廣弟文爲樂城亭侯廣立二十五年永興元年薨無子國除

東平憲王蒼建武十五年封東平公十七年進爵爲王蒼少好經書雅有智思爲人美須頿要帶十圍顯宗甚愛重之及卽位拜爲驃騎將軍置長史掾史員四十人位在三公上四府掾史皆無四十人今特置以優之也永

平元年封蒼子二人爲縣侯二年以東郡之壽張須昌山陽之南平陽橐湖陵五縣益東平國南平陽縣故城今兗州鄒縣也橐縣一名高平故城在鄒縣西南湖陵故城在今兗州防與縣東南是時中興三十餘年四方無虞蒼以天下化平宜修禮樂乃與公卿共議定南北郊冠冕車服制度及光武廟登歌八佾舞數語在禮樂輿服志其志今亡帝每巡狩蒼常留鎮侍衛皇太后四年春車駕近出觀覽城第第宅也有甲乙之次故曰第蒼聞當遂校獵河內蒼即上書諫曰臣聞時令盛春農事不聚衆興功禮記月令曰孟春之月無聚大衆無置城郭仲春之月無作大事以妨農事也傳曰田獵不宿食飲不享出入不節則木不曲直此失春令者也尚書五行傳曰田獵不宿飲食不享出入不節奪人農時及有姦謀則木不曲直鄭玄注云木性或曲或直人所用爲器者也無故生不暢茂多有折槁是爲不曲直也前書音義曰不宿不預戒日也臣知車駕今出事從約省所過吏人諷誦甘棠之德雖然動不以禮非所以示四方也惟陛下因行田野循視稼穡消搖仿佯弭節而旋皆游散之意詩曰於焉消搖左氏傳曰橫流而仿佯前書音義曰弭節猶案節也言不盡意馳驅也至秋冬乃振威靈整法駕

備周衛設羽旄旄謂注旄於竿首詩云抑抑威儀惟德之隅詩大雅之文也抑抑密也隅廉也言人密審於威儀抑抑然者其德必嚴正如宮室之制內繩直則外有廉隅臣愚不勝憤懣伏自手書乞詣行在所極陳至誠帝覽奏即還宮蒼在朝數載多所隆益而自已至親輔政聲望日重意不自安上疏歸職曰臣蒼疲駑特爲陛下慈恩覆護在家破教導之仁升朝蒙爵命之首制書褒美班之四海舉負薪之才升君子之器負薪喻小人也易曰負且乘致寇至負也者小人之事乘也者君子之器以小人而乘君子之器則盜思奪之矣凡匹夫一介尚不忘簞食之惠簞竹器也圓曰簞方曰笥左氏傳曰晉宣子田於首山舍於翳桑見靈輒餓曰不食三日矣食之舍其半問之曰宦三年矣未知母之存否請遺之使盡之而爲簞食與肉以與之既而輒爲公介士倒戟以禦公徒而免之問何故曰翳桑之餓人也況臣居宰相之位同氣之親哉宜當暴骸膏野爲百僚先而愚頑之質加以固病誠羞負乘辱汙輔將之位將被詩人三百赤紱之刺赤紱大夫之服也詩曹風曰彼己之子三百赤紱刺其無德居位者多也今方域晏然要荒無儆去王畿五百里曰甸服又五百里曰侯服又五百里曰綏服又五百里要服又五百里荒服儆備也音警將遵上德無爲之時也文官猶可并省武職尤不宜建昔象封有鼻

不任旨政有鼻國名其地在今永州營道縣北史記曰舜弟象封於有鼻也誠由愛深不忍揚其過惡前事之不忘來事之師也自漢興旨來宗室子弟無得在公卿位者惟陛下審覽虞帝優養母弟遵承舊典終卒厚恩乞上驃騎將軍印綬退就蕃國願蒙哀憐帝優詔不聽其後數陳乞辭甚懇切五年乃許還國而不聽上將軍印綬旨驃騎長史爲東平太傅掾爲中大夫令史爲王家郎漢官儀將軍掾屬二十九人中大夫無員令史四十一人也加賜錢五千萬布十萬匹六年冬帝幸魯徵蒼從還京師明年皇太后崩既葬蒼乃歸國特賜宮人奴婢五百人布二十五萬匹及珍寶服御器物十一年蒼與諸王朝京師月餘還國帝臨送歸宮悽然懷思乃遣使手詔國中傅曰辭別之後獨坐不樂因就車歸伏軾而吟瞻望永懷實勞我心誦及采菽旨增歎息采菽詩小雅之章也其詩曰采菽采菽筐之筥之君子來朝何錫與之毛萇注云菽所以芼太牢而待君子也日者問東平王處家何等最樂王言爲善最樂其言甚大副

是要腹矣今送列侯印十九枚諸王子年五歲已上能趨拜者皆令帶之十五年春行幸東平賜蒼錢千五百萬布四萬匹帝已所作光武本紀示蒼蒼因上光武受命中興頌帝甚善之已其文典雅特令校書郎賈逵爲之訓詁肅宗卽位尊重恩禮踰於前世諸王莫與爲比建初元年地震蒼上便宜其事留中留禁中也帝報書曰丙寅所上便宜三事朕親自覽讀反覆數周心開目明曠然發矇韋昭注國語曰有眸子而無見曰矇閒吏人奏事亦有此言但明智淺短或謂儻是復慮爲非何者災異之降緣政而見今改元之後年飢人流此朕之不德感應所致又冬春旱甚所被尤廣雖內用克責而不知所定得王深策快然意解詩不云乎未見君子憂心忡忡既見君子我心則降詩國風也忡忡猶衝衝降下也思惟嘉謀已次奉行冀蒙福應彰報至德特賜王錢五百萬後帝欲爲原陵顯節陵起縣邑蒼聞之遽上疏諫曰伏

聞當爲二陵起立郭邑臣前頗謂道路之言疑不審實近令從官古霸問涅陽主疾風俗通曰古姓周有古公亶父其後氏焉涅陽主光武女竇固之妻也使還乃知詔書已下竊見光武皇帝躬履儉約之行深睹始終之分勤勤懇懇以葬制爲言故營建陵地具稱古典詔曰無爲山陵陂池裁令流水而已孝明皇帝大孝無違奉承貫行貫行謂一皆遵奉也谷永曰一以貫行周執無違也至於自所營創尤爲儉省謙德之美於斯爲盛易曰謙德之柄臣愚以園邑之興始自彊秦古者丘隴且不欲其著明禮記曰古者墓而不墳故言不欲其著明豈況築郭邑建都郛哉穀梁傳曰人之所聚曰都杜預注左傳曰郛郭也上違先帝聖心下造無益之功虛費國用動搖百姓非所以致和氣祈豐年也又以吉凶俗數言之亦不欲無故繕修丘墓有所興起考之古法則不合稽之時宜則違人求之吉凶復未見其福陛下履有虞之至性追祖禰之深思然懼左右過議以累聖心臣蒼誠傷二帝純德之美不暢於無窮也惟蒙哀覽

帝從而止自是朝廷每有疑政輒驛使諮問蒼悉心以對皆見納用三年帝饗衞士於南宮因從皇太后周行掖庭池閣乃閱陰太后舊時器服愴然動容乃命留五時衣各一襲（五時衣謂春青夏朱季夏黃秋白冬黑也衣單複具曰襲）及常所御衣合五十篋餘悉分布諸王主及子孫在京師者各有差特賜蒼及琅邪王京書曰中大夫奉使親聞動靜嘉之何已歲月驚過山陵浸遠孤心悽愴如何如何間饗衞士於南宮因閱視舊時衣物聞於師曰其物存其人亡不言哀而哀自至信矣惟王孝友之德亦豈不然今送光烈皇后假紒帛巾各一（周禮追師掌王后之首服為副編鄭玄云副婦人首服三輔謂之假紒續漢書帛字作皁）及衣一篋可時奉瞻以慰凱風寒泉之思（詩國風曰凱風美孝子也凱風自南吹彼棘心棘心夭夭母氏劬勞爰有寒泉在浚之下有子七人母氏勞苦寒泉在今濮州濮陽縣）又欲令後生子孫得見先后衣服之製今魯國孔氏尚有仲尼車輿冠履明德盛者光靈遠也（孔子廟在曲阜城中伍緝之從征記曰魯人藏孔子所乘車於廟中是顏路所請者也獻帝時廟遇火燒之冠履解見鍾離意傳）其光武皇帝器

服中元二年已賦諸國故不復送并遺宛馬一匹血從前髆上小孔中出常聞武帝歌天馬霑赤汗今親見其然也前書天馬歌曰太一况天馬下霑赤汗沫流赭也頃反虜尚屯將帥在外憂念遑遑未有閒𥁕閒音閑願王寶精神加供養苦言至戒望之如渴六年冬蒼上疏求朝明年正月帝許之特賜裝錢千五百萬其餘諸王各千萬帝已蒼冒涉寒露遣謁者賜貂裘說文曰貂鼠屬大而黃黑出丁零國及大官食物珍果使大鴻臚竇固持節郊迎帝乃親自循行邸第豫設帷牀其錢帛器物無不充備下詔曰禮云伯父歸𥁕乃國儀禮曰覲禮諸侯至于郊王使皮弁用璧勞侯氏亦皮弁迎於帷門之外再拜天子賜舍曰賜伯父舍同姓西面北上異姓東面北上侯氏裨冕釋幣于禰乘墨車載龍旂弧韣乃朝以瑞玉有繅天子負斧扆曰伯父實來余一人嘉之奉束帛匹馬卓上九馬隨之奠幣再拜侯氏降天子辭於侯氏曰伯父無事歸𥁕乃邦侯氏再拜稽首而出詩云叔父建爾元子詩魯頌之文也叔父謂周公也建元子謂封伯禽也敬之至也昔蕭相國加已不名優忠賢也見王莽傳況兼親尊者乎其沛濟南東平中山四王贊皆勿名贊謂贊者不唱其名蒼既至升殿乃拜天子親答之其後諸王入

宮輒以輦迎至省閤乃下蒼以受恩過禮情不自寧上疏辭曰臣聞貴有常尊賤有等威（左傳隨武子之辭也等威威儀有差等也）卑高列序上下以理陛下至德廣施慈愛骨肉既賜奉朝請咫尺天儀而親屈至尊降禮下臣每賜讌見輒興席改容中宮親拜事過典故臣惶怖戰慄誠不自安每會見踧踖無所措置（踧踖謙讓貌）此非所以章示羣下安臣子也帝省奏歎息愈褒貴焉舊典諸王女皆封鄉主乃獨封蒼五女為縣公主三月大鴻臚奏遣諸王歸國帝特留蒼賜以祕書列仙圖道術祕方至八月飲酎畢（飲酎解見章紀）有司復奏遣蒼乃許之手詔賜蒼曰骨肉天性誠不以遠近為親疏然數見顏色情重昔時念王久勞思得還休欲署大鴻臚奏不忍下筆顧授小黃門中心戀戀惻然不能言（大鴻臚奏王歸國小黃門受詔者）於是車駕祖送流涕而訣復賜乘輿服御珍寶輿馬錢布以億萬計蒼還國疾病帝馳遣名醫小黃門侍

疾使者冠蓋不絶於道又置驛馬千里傳問起居明年正月蒼詔告中傅封上蒼自建武以來章奏及所作書記賦頌七言別字歌詩竝集覽焉遣大鴻臚持節五官中郎將副監喪及將作使者凡六人令四姓小侯諸國王主悉會詣東平奔喪賜錢前後一億布九萬匹及葬策曰惟建初八年三月己卯皇帝曰咨王丕顯勤勞王室親受策命昭於前世出作蕃輔克慎明德率禮不越率循也越違也傅聞在下傅音敷敷布也書曰克慎明德敷聞在下昊天不弔不報上仁俾屏余一人夙夜煢煢靡有所終俾使也屏蔽也左氏傳曰昊天不弔不憖遺一老俾屏余一人煢煢余在疚也今詔有司加賜鸞輅乘馬龍旂九旒虎賁百人奉送王行匪我憲王其孰離之離被也言非憲王誰更被蒙此恩也魂而有靈保茲寵榮嗚呼哀哉立四十五年子懷王忠嗣明年帝乃分東平國封忠弟尚爲任城王餘五人爲列侯忠立十一年薨子孝王敞嗣元和三年行東巡守幸東平宮帝追感念蒼謂其諸子

曰思其人至其鄉其處在其人亡因泣下沾襟遂幸蒼陵爲陳虎賁鸞輅龍旂以章顯之祠以太牢親拜祠坐哭泣盡哀賜御劒於陵前陵在今鄆州東峗山南峗音魚委反初蒼歸國驃騎時吏丁牧周栩以蒼敬賢下士不忍去之遂爲王家大夫數十年事祖及孫帝聞皆引見於前既愍其淹滯且欲揚蒼德美即皆擢拜議郎牧至齊相栩上蔡令永元十年封蒼孫梁爲矜陽亭侯敞弟六人爲列侯敞喪母至孝國相陳珍上其行狀永寧元年鄧太后增邑五千戶又封蒼孫二人爲亭侯敞立四十八年薨子頃王端嗣立四十七年薨子凱嗣立四十一年魏受禪以爲崇德侯

論曰孔子稱貧而無諂富而無驕未若貧而樂富而好禮者也若東平憲王可謂好禮者也若其辭至戚去母后豈欲苟立名行而忘親遺義哉蓋位疑則隙生累近則喪大憂累既近所喪必大斯蓋名哲之所

爲歎息嗚呼遠隙㠯全忠釋累㠯成孝夫豈憲王之志哉言其本志然也東海恭王遜而知廢也遜讓爲吳太伯不亦可乎左傳曰晉大夫士蔿之辭也吳太伯周太王之長子讓其弟季歷因適吳越采藥大王沒而不反事見史記也

任城孝王尚元和元年封食任城亢父樊三縣亢父樊竝屬東平國亢父故城在今兖州任城縣南樊故城在今瑕丘縣西南也立十八年薨子貞王安嗣永元十四年封母弟福爲桃鄉侯永初四年封福弟亢爲當塗鄉侯安性輕易貪吝數微服出入游觀國中取官屬車馬刀劒下至衞士米肉皆不與直元初六年國相行弘奏請廢之安帝不忍㠯一歲租五分之一贖罪安立十九年薨子節王崇嗣順帝時羌虜數反崇輒上錢帛佐邊費及帝崩復上錢三百萬助山陵用度朝廷嘉而不受立三十一年薨無子國絕延熹四年桓帝立河閒孝王子恭爲參戶亭侯博爲任城王㠯奉其祀杜預注左傳曰今丹水縣北有三戶亭故城在今鄧州內鄉縣西南也博有孝行喪母服制如

禮增封三千戶立十三年薨無子國絶熹平四年靈帝復立河閒貞王遜子新昌侯佗爲任城王奉孝王後立四十六年魏受禪以爲崇德侯

阜陵質王延建武十五年封淮陽公十七年進爵爲王二十八年就國三十年以汝南之長平西華新陽扶桑四縣益淮陽國長平故城在今陳州宛丘縣西北西華故城在今溵水縣西北新陽故城在今豫州眞陽西南扶桑故城在今陳州泰康縣北也延性驕奢而遇下嚴烈永平中有上書告延與姬兄謝弇及姊館陶主壻駙馬都尉韓光招姦猾作圖讖祠祭祝詛事下案驗光弇被殺辭所連及死徙者甚眾有司奏請誅延顯宗以延罪薄於楚王英故特加恩徙爲阜陵王食二縣延既徙封數懷怨望建初中復有告延與子男魴造逆謀者有司奏請檻車徵詣廷尉詔獄肅宗下詔曰王前犯大逆罪惡尤深有同周之管蔡漢之淮南淮南厲王長高帝子文帝時反被遷於蜀而死也經有正義律

有明刑公羊傳曰君親無將將而必誅前書曰大逆無道父母妻子同產無少長皆弃市先帝不忍親親之恩枉屈大法爲王受愆愆過也反而不誅先帝之過故言爲王受過也羣下莫不惑焉今王曾莫悔悟悖心不移逆謀內潰自子勳發誠非本朝之所樂聞朕惻然傷心不忍致王於理今貶爵爲阜陵侯食一縣獲斯辜者侯自取焉於戲誡哉赦勳等罪勿驗使謁者一人監護延國不得與吏人通章和元年行幸九江賜延書與車駕會壽春帝見延及妻子愍然傷之乃下詔曰昔周之爵封千有八百而姬姓居半者所以楨幹王室也朕南巡望淮海意在阜陵遂與侯相見侯志意衰落形體非故瞻省懷感以喜以悲今復侯爲阜陵王增封四縣并前爲五縣以阜陵下溼徙都壽春加賜錢千萬布萬匹安車一乘夫人諸子賞賜各有差明年入朝立五十一年薨子殤王沖嗣永元二年下詔盡削除前班下延事沖立二年薨無嗣和帝復封沖兄魴是爲頃

王永元八年封魴弟十二人爲鄉亭侯魴立三十年薨子懷王恢嗣延光三年封恢兄弟五人爲鄉亭侯恢立十年薨子節王代嗣陽嘉二年封代兄便親爲勃遒亭侯代立十四年薨無子國絶建和元年桓帝立勃遒亭侯便親爲恢嗣是爲恭王立十三年薨子孝王統嗣立八年薨子王赦立建安中薨無子國除

廣陵思王荆建武十五年封山陽公十七年進爵爲王荆性刻急隱害（隱害謂陰害於人也）有才能而喜文法光武崩大行在前殿荆哭不哀而作飛書封以方底（方底囊所以盛書也前書曰綠綈方底）令蒼頭詐稱東海王彊舅大鴻臚郭況書與彊曰君王無罪猥被斥廢而兄弟至有束縛入牢獄者太后失職別守北宮（太后郭后也職常也失其常位別遷北宮）及至年老遠斥居邊（封之於魯）海内深痛觀者鼻酸及太后尸柩在堂洛陽吏以次捕斬賓客至有一家三尸伏堂者痛甚矣今天下有喪弓弩張設甚備閒梁松勑虎

賁史曰吏㠯便宜見非勿有所拘以便宜之事而有非者當卽行之勿拘常制也封侯難再得也郞官竊悲之爲王寒心累息累息猶纍息也今天下爭欲思刻賊王㠯求功易於太山破鷄子輕於四馬載鴻毛此湯武兵也今年軒轅星有白氣星家及喜事者喜事猶好事也喜音許氣反皆云白氣者喪軒轅女主之位又太白前出西方至午兵當起洪範五行傳曰太白少陰之星以巳未爲界不得經天而行太白經天而行爲不臣今至午是爲經天也又太子星色黑至辰日輒變赤天官書曰心前星太子之位也夫黑爲病赤爲兵王努力卒事高祖起亭長陛下興白水何況於王陛下長子故副主哉上㠯求天下事必舉下㠯雪除沈没之恥報死母之讎精誠所加金石爲開韓詩外傳曰昔者楚熊渠子夜行見寢石以爲伏虎彎弓而射之没金飲羽下視知其石也因復射之矢躍無迹熊渠子見其誠心而金石爲之開而況人乎當爲秋霜無爲檻羊秋霜肅殺於物檻羊受制於人雖欲爲檻羊又可得乎竊見諸相工言王貴天子法也人主崩亡閭閻之伍尚爲盜賊欲有所望何況王邪夫受命之君天之所立不可謀也今新帝人之所置彊者

爲右願君王爲高祖陛下所志陛下卽光武也無爲扶蘇將閭叫呼天也扶蘇秦始皇之太子將閭庶子也扶蘇以數諫始皇使與蒙恬守北邊始皇死於沙丘少子胡亥詐立賜扶蘇死將閭昆弟三人囚於內宮胡亥使謂將閭曰公子不臣罪當死將閭乃仰天而大呼天者三曰天乎吾無罪昆弟三人皆流涕伏劍自殺事見史記彊得書惶怖卽執其使封書上之顯宗㠯荆母弟祕其事遣荆出止河南宮時西羌反荆不得志冀天下因羌驚動有變私迎能爲星者與謀議帝聞之乃徙封荆廣陵王遣之國其後荆復呼相工謂曰我貌類先帝先帝三十得天下我今亦三十可起兵未相者詣吏告之荆惶恐自繫獄帝復加恩不考極其事下詔不得臣屬吏人唯食租如故使相中尉謹宿衛之荆猶不改其後使巫祭祀祝詛有司舉奏請誅之荆自殺立二十九年死帝憐傷之賜謚曰思王十四年封荆子元壽爲廣陵侯服王璽綬食荆故國六縣又封元壽弟三人爲鄉侯明年帝東巡狩徵元壽兄弟會東平宮班賜御服器物又取皇子輿馬悉㠯與之建初

七年肅宗詔元壽兄弟與諸王俱朝京師元壽卒子商嗣商卒子條嗣傳國於後

臨淮懷公衡建武十五年立未及進爵爲王而薨無子國除

中山簡王焉建武十五年封左馮翊公十七年進爵爲王焉以郭太后少子故獨留京師三十年徙封中山王永平二年冬諸王來會辟雍事畢歸蕃詔焉與俱就國從以虎賁官騎漢官儀騶騎王家名官騎焉上疏辭讓顯宗報曰凡諸侯出境必備左右故夾谷之會司馬以從穀梁傳曰公會齊侯於頰谷齊人鼓譟欲以執魯君孔子歷階而上命司馬止之左氏傳頰谷作夾谷今五國各官騎百人稱娖前行娖音楚角反稱娖猶齊整也行音胡郎反皆北軍胡騎便兵善射弓不空發中必決眥司馬相如子虛之文夫有文事必有武備所以重蕃職也王其勿辭帝以焉郭太后偏愛特加恩寵獨得往來京師十五年焉姬韓序有過焉縊殺之國相舉奏坐削安險縣安險屬中山郡元和中肅宗復以安險還中山立五

十二年永元二年薨自中興至和帝時皇子始封薨者皆賻錢三千萬布三萬匹嗣王薨賻錢千萬布萬匹是時竇太后臨朝竇憲兄弟擅權太后及憲等東海出也爾雅曰女子之子謂出也故睦於焉而重於禮加賻錢一億詔濟南東海二王皆會大爲修冢塋開神道墓前開道建石柱以爲標謂之神道平夷吏人冢墓以千數作者萬餘人發常山鉅鹿涿郡柏黃腸雜木黃腸柏木黃心三郡不能備復調餘州郡工徒及送致者數千人凡徵發搖動六州十八郡制度餘國莫及子夷王憲嗣永元四年封憲弟十一人爲列侯憲立二十二年薨子孝王弘嗣永寧元年封弘二弟爲亭侯弘立二十八年薨子穆王暢嗣永和六年封暢弟荆爲南鄉侯暢立三十四年薨子節王稚嗣無子國除

琅邪孝王京建武十五年封琅邪公十七年進爵爲王京性恭孝好經學顯宗尤愛幸賞賜恩寵殊異莫與爲比永平二年以泰山

之蓋南武陽華蓋縣故城在今沂州沂水縣西北南武陽縣故城在今沂州費縣西又華縣故城在費縣東北也東萊之昌陽盧鄉東牟六縣益琅邪昌陽今萊州縣也故城在今聞登縣西南盧鄉故城在今昌陽縣西北東牟故城在聞登縣西北也五年乃就國光烈皇后崩帝悉以太后遺金寶財物賜京京都莒好修宮室窮極伎巧殿館壁帶皆飾以金銀壁帶壁中之橫木也以金銀爲釘飾其上數上詩賦頌德帝嘉美下之史官京國中有城陽景王祠吏人奉祠神數下言宮中多不便利京上書願徙宮開陽以華蓋南武陽厚丘贛榆五縣華縣蓋縣南武陽屬泰山郡厚丘屬東海郡贛榆屬琅邪郡易東海之開陽臨沂肅宗許之立三十一年薨葬東海即丘廣平亭有詔割亭屬開陽開陽縣屬東海郡故城在今沂州臨沂縣北子夷王宇嗣建初七年封宇弟十三人爲列侯元和元年封孝王孫二人爲列侯宇立二十年薨子恭王壽嗣永初七年封壽弟八人爲列侯立十七年薨子貞王尊嗣延光二年封尊弟四人爲鄉侯尊立十八年薨子安王據嗣永和五年封據弟三人爲鄉侯據立四十

七年薨子順王容嗣初平元年遣弟邈至長安奉章貢獻帝曰邈爲九江太守封陽都侯陽都縣屬城陽國故城在今沂州承縣南承音常證反容立八年薨國絶初邈至長安盛稱東郡太守曹操忠誠於帝操曰此德於邈建安十一年復立容子熙爲王在位十一年坐謀欲過江被誅國除

贊曰光武十子胙土分王沛獻尊節楚英流放尊音祖本反禮記曰恭敬撙節鄭玄注云撙趨也延既怨詛荆亦觖望濟南陰謀琅邪驕宕中山臨淮無聞夭喪二王早終名聞未著也東平好善辭中委相謙謙恭王實惟三讓

光武十王列傳第三十二

金陵書局仿汲古閣本刊

後漢書四十二

傳古樓景印